Mc Graw Hill **Professional**

Mc Graw Hill **Professional**

海龜投資法則
揭露獲利上億的成功祕訣

Way of the Turtle

Mc Graw Hill **Education** *Your Learning Partner*
美商麥格羅‧希爾國際出版公司台灣分公司

推薦序

　　我剛完成《自由出入金融市場》（*Trade Your Way to Financial Freedom*）第二版時，麥格羅・希爾的編輯找我為一位新作者寫推薦序。我第一個想到的就是克提斯・費斯。克提斯是海龜成員中最成功的一位。

　　在初步訓練課程之後，克提斯是計畫期間唯一一位掌握最大趨勢的海龜成員。根據《華爾街日報》（*Wall Street Journal*）史丹利・安格里斯特（Stanley Angrist）的報導，克提斯為理查・丹尼斯（Richard Dennis）操作規模最大的帳戶，並在計畫期間，為丹尼斯賺進3,100多萬美元的利潤。克提斯和我很像，他在海龜計劃結束後，選擇人煙稀少的道路來走，忠於自己，不受華爾街等金融市場的價值觀所左右。

　　還有誰要比克提斯更適合為麥格羅・希爾寫書？這是我腦海中唯一的想法。後來，編輯把《海龜投資法：揭露獲利上億的成功祕訣》這本書的草稿交給我，瞧！真的是克提斯的書。我一口氣讀了七十頁未經編輯的版面，然後立刻判定這本書需要一篇推薦序，而且，我是真心想要寫這篇推薦序。為什麼呢？在我看來，這本書是史上五大交易寶典之一，我強力推薦我所有的客戶詳讀這本書。

我自己也差點成為第一批海龜成員，因此，我對於海龜的成功事蹟特別感興趣。西元一九八三年九月，我開業訓練交易員。這算是兼職工作，因為我另外身兼研究心理學者。不過，一九八三年的時候，我認為自己已經是相當不錯的交易訓練師。我發展出一套用來判定人們交易能力的測驗，這是個非常有用的成功指標；我把它稱為投資心理學編目（Investment Psychology Inventory）。許多交易人都做過這項測驗，並且認同我對他們優勢與弱勢的評估結果。

就在那個時候，我看到了理查·丹尼斯在報紙上的全版廣告。他打算選出十位左右的交易人，把他的交易方法傳授給他們，然後，再給每個人一百萬美元來實際交易。條件如此優渥，我想一定會有幾千人寄件申請。因此，我想這是用投資心理學編目來幫助理查他們進行遴選的大好機會。他們得審查好幾千人，我可以提供協助。所以，我連絡了他們在芝加哥的C&D期貨公司，並把我的測驗寄給他們。戴爾·戴路崔（Dale Dellutri，C&D公司業務經理）和理查·丹尼斯都做了這項測驗，不過，就僅此而已。

但他們也把他們自己的審查測驗寄了一份給我，其中有36道是非題、以及11道問答題。問題格式如下：

對／錯　絕大多數的交易員看法總是錯誤的。（**總是**一詞　　　增加答題難度。）

列出你曾做過最危險的事、並說明原因。

　　我對於這份測試成效很好奇，因此寄上了我的答案。令我驚訝的是，我居然被請去芝加哥參加海龜面試，他們在面試中問的問題，諸如：「如果市場純屬隨機，怎麼會有人交易獲利呢？」我不確定我答得好不好，但我現在可能會有不同的答案。他們告訴我，他們將從40位複試者中選出十位，來接受理查·丹尼斯和比爾·艾科哈特的訓練。然後，我們得簽下五年合約，期間，若績效不佳，隨時都可能退出。

　　最後，我並未入選，我也知道為什麼。我並不適合擔任海龜成員，我之所以會被選入複試、是因為我想提供我的測驗來協助C&D公司。我住在南加州，完全沒有在芝加哥住上五年的意願。我推測，如果是這樣，我就得離開妻小。我喜歡我的工作——開發交易員訓練師業務——儘管成為海龜會是創業的珍貴助力，但我不想放棄我的訓練工作。還有，我不想在當年的最後兩週（聖誕節和新年假期）到芝加哥接受訓練。我想，我的這些矛盾心態在面試時表露無遺，因此，我沒有入選。

　　不過，沒被選上還是讓我有些後悔，尤其是，海龜計畫居然如此成功。因此，我一直很想知道他們究竟學到了什麼。多年來，我向多位海龜打聽，了解了他們的交易要素。我在我的系統課堂上以及我的書《期望報酬與部位大小通論》（*The Definitive Guide to Expectancy and Position Sizing*）中概述他們的部位大小計算法。我從不認為他們所使用的系統有什麼特別之處。在我看來，他們的成功完全因為他們的心理和部位大小。海龜成員必須保密十年，這層神祕的面紗更加深了人們對

他們的好奇。多數人相信他們一定有什麼神奇的秘密，而且絕對不會有人想要把它公諸於世。

為什麼我說《海龜投資法：揭露獲利上億的成功祕訣》是史上五大交易寶典之一呢？

首先，它清楚刻畫出交易成功的要素。克提斯明確指出，交易系統並不重要，交易人執行交易系統的能力才是最重要的。克提斯在初步訓練階段，就有 78,000 美元的獲利，幾乎是其他海龜成員的三倍，但他們所學到的，都是同樣的東西。為什麼這十個人學到同樣一組法則、其中還包括固定的部位大小規則，卻產生不同的結果呢？克提斯說，有幾位海龜懷疑理查特別照顧他、給了他什麼特別資訊，可是，克提斯和我都知道，是交易心理學造成了不同的交易績效。

我在西元一九六〇年代末期接受心理學訓練時，學界強調的是行為主義（behaviorism）。心理學課程的設計、以回答以下問題為宗旨：「如果你用某一方式來刺激某人、對方會如何回應？」我認為這種方法一點用也沒有，因此，我樂見學者開始研究風險心理學。這項研究的最後結論是，人類在決策時採取許多捷徑，因此讓他們不善做決策。從此以後，整個行為經濟學領域就從這項研究發展出來。

《海龜投資法：揭露獲利上億的成功祕訣》令人著迷的第二項原因是，它清楚描述如何將行為財務學原則應用到交易上、以及對交易的影響，這可能是我所見過最棒的論述。克提斯甚至詳細討論支撐和壓力、以及它們的存在是因為人們不善

做決策。這是非讀不可的內容。

我喜歡《海龜投資法：揭露獲利上億的成功祕訣》這本書的第三個原因，是因為它強調博弈理論、以及用博弈理論來解釋交易人的思維方式。舉例來說，書中提到要把心思放在當前交易、忘卻過去和未來。為什麼呢？因為，從歷史測試中，你知道你的看法多半會是錯的，可是獲利絕對會大於虧損。這會產生正面期許。克提斯要讀者必須對他們的系統有充分的了解、並且有高度信心。唯有信心、才能讓他們成為長期贏家。

本書還有許多精闢論述，包括：

● 海龜如何受訓、以及實際所學。

● 海龜的真正「秘密」（我已經給你很多提示）。

● 詳細討論系統發展，以及人們因為不了解抽樣理論的基本統計原則、因而在發展系統時犯錯。

● 關於多數系統未能展現應有績效的問題，本書有精湛論述。就連最優良的系統也會因為心理因素而表現失常，更何況市面上還有許多表面看來不錯的差勁系統。如果你想知道該如何透視這些系統真貌，就必須研讀本書。

● 最後，本書對於穩健的系統測量值提供有趣觀點。如果你了解這些內容，就會願意花時間精力、為自己設計出一套有利可圖的長線操作系統。

有了以上珍貴重點、再加上克提斯擔任海龜時的諸多有趣故事、以及他本身對於海龜投資法：揭露獲利上億的成功祕訣

融會貫通的卓越能力，足以讓本書成為所有交易員、以及考慮進入期貨市場的投資人絕對必讀的經典。

海龜計畫起源於理查・丹尼斯和比爾・艾科哈特兩人的辯論，它們想弄清楚交易員是否能經由後天培養。為證明交易是門可以傳授的學問，理查甚至願意賭上自己的金錢。在《海龜投資法：揭露獲利上億的成功祕訣》一書中，克提斯對這項賭注的結果提出個人看法（也許和你所想的不同），但是，當你閱讀他的觀點時，我希望你能思考一件事：幾千位應徵者當中，四十人進入面試階段，最後只有少數人脫穎而出。把這一點再加上克提斯所提到的抽樣理論，是否任何人都能學會交易，我想你心中已經有譜了。

范・K・薩普（Van K. Tharp）博士
交易訓練師
范・薩普機構總裁

【目次】

前言

　　二十多年前，我有幸參與一項重大實驗，該實驗後來被交易人與投資人圈內奉為傳奇。這項叫做「海龜」的實驗，源於兩位彼此是摯友的知名交易人之間的賭注，他們分別是理查·丹尼斯（Richard Dennis）和威廉·艾克哈特（William Eckhardt）。

　　本書描述了我個人參與這項實驗的故事與收穫。我希望未來會有其他的海龜家族更詳實地記錄當時情況，不過，這不是本書的用意。當時我才十九歲，懵懵懂懂，不夠格討論彼時大夥的體驗。而且，我也太年輕，無法領會海龜組員割喉競爭時所發生的互動。

　　接下來，我將描寫我擔任海龜成員時的經歷和心得。《海龜交易法》一書揭露整個實驗過程、確切說明兩位大師傳授給我們的知識與交易方式。本書詳細描述我們幾筆大交易以及交易時間法則，深刻剖析如何從市場中賺得幾百萬美元。對我個人來說，《海龜交易法》既是交易故事、也是人生故事，特別是，若能以一個偉大交易人的方式來看待人生，將能帶給你更多喜悅、更廣闊的體驗、以及更少的懊悔。

以下各個章節除了會檢視這個層面之外，也會探討以下議題：

- **海龜成員如何獲利**：海龜交易法讓我在為期四年多的海龜計畫期間，賺得超過百分之百的報酬率，它的要義究竟是什麼？
- **為什麼有些海龜成員獲利特別亮麗**：應用同一套方式，為什麼有些人成功、有些人卻賠錢？
- **如何將海龜交易法應用在股票和外匯**：如何舉一反三，找出任何交易市場皆適用的核心策略？
- **如何將海龜交易法應用在交易和人生**

序論 那天我見到期貨交易王子

在你的一生當中，能遇到的關鍵時刻屈指可數。在我十九歲的某一天，卻一下子遇到兩次關鍵時刻：一是首次一睹芝加哥期貨交易所（CBOT）的華麗建築，另外就是會見理查‧丹尼斯這位期貨交易界的傳奇式人物。

CBOT大樓是芝加哥最著名的景觀。這棟坐落於西傑克森大道141號的建築，頂端有座雕象，即使在一哩之外，仍舊清晰可見。四十五層樓高的大樓，在摩天大樓林立的市區當中，依舊顯得鶴立雞群，它絕對是期貨交易所的最佳地點。交易所內，交易人摩肩擦踵、利用喊叫和複雜的手勢，分秒必爭地買賣價值百萬美元的穀物、肉類和外匯。這種吵雜混亂、但又亂中有序的地方，每年吸引上千名門外漢前來參觀。對於交易人來說，此處猶如麥加聖地。

當我走入傑克森大道141號內的電梯，我的雙手開始冒汗。我只有十九歲，卻正要接受理察‧丹尼斯這位全球最知名的期貨專家親自面試。即使在海龜實驗廣為人知之前，丹尼斯就已經在交易界佔有一席之地。他被譽為期貨交易王子；該頭銜是表彰他在三十幾歲就能將幾千美元轉變成幾億美元的輝煌

功績。

　　我後來才知道，當初我能上這座電梯是多麼幸運。總共有一千多人爭取這次的面試機會，只有四十人能見到丹尼斯。最後，只有十三人入選，錄取率不到百分之一，另外還有十人獲選參與隔年的追蹤計畫。

　　早在唐諾・川普（Donald Trump）的「誰是接班人」（The Apprentice）、以及其他的真人實境秀出現之前，丹尼斯就已自創真人實境競賽，以了解偉大交易人是後天培養、還是天賦優異。這項比賽最初構想來自於丹尼斯和他好友、同樣也是成功交易人威廉・艾克哈特之間的爭論。丹尼斯認為他有辦法把任何人培養成優秀的交易人；艾克哈特則認為這項本領是天生而來、而非後天培養。丹尼斯不是說說而已，兩人就此事鄭重地打了賭。

　　於是，他們在《華爾街日報》、《貝倫》（Barron's）財經雜誌和《紐約時報》刊登大篇幅廣告，對外宣佈丹尼斯徵求有意成為他徒弟的人。廣告上還說，他將親自把他的交易秘笈傳授給這批學員，並分別為每位學員開立一百萬美元的交易帳戶。

　　當時，我並不了解這廣告的重大意義。丹尼斯刊登這篇廣告、展開賭注，無異是提出大膽聲明。他堅信他非常清楚自己成功的原因，就算是完全沒有交易經驗的陌生人，他也能夠把整套成功秘訣傳授給對方。丹尼斯對於這一點相當有把握，甚至願意自掏腰包，拿出幾百萬美元的資金來證明這一點。

丹尼斯的學徒——我也是其中之一——全都成功地證明了他的觀點、成為交易界的傳奇，自此，他們被業界稱為海龜。在短短四年半的時間，這群海龜們每年平均投資報酬率高達80%以上。為什麼要取「海龜」這個名字呢？當丹尼斯和艾克哈特決定認真面對兩人長久以來的爭論時，他們所在地點是新加坡的一個海龜養殖場。據說，丹尼斯在現場看到海龜的養殖情況後，當場衝口說：「我們要像新加坡養殖海龜一樣地培養交易專家。」

就這樣，十九歲的我雙手冒汗、正前往面見這位交易王子。出了電梯、進入走廊，看到辦公室的裝潢相當樸實，這並不令我意外。沒有雄偉的大門、沒有豪華的大廳、完全沒有想要震懾客戶、經紀商或任何權貴人士的意圖。大家都知道丹尼斯從不揮霍炫耀，這樣儉約的環境倒符合他的個人風格；但即使如此，我的期望依舊過高。每件物品看起來都比我想像的還要小。

我找到了印有「C&D期貨公司」的門，於是推門而入。

※　※　※

丹尼斯的業務經理，戴爾‧戴路崔（Dale Deluttri）在門口接待我，並告訴我理查正在面試別人。我在許多文章看過理查的照片，已經知道他的長相，可是，我對於他的個性不是很清楚，因此，這段等待時間，我一直在擔心這一點。

為了準備這次的面試，我閱讀了所有我能找到關於理查的報導，因此對於他的個性稍有了解，但究竟還是不夠。另外，

我也做了理查出的四十道題目，對於他所重視的交易人標準有
點概念。

　　此時，理查的辦公室門打開，前一位申請者走出來，跟我
提了一點面試的狀況，並祝我好運。他一定表現得不錯；因
為，幾個禮拜後的第一堂訓練課程，我也看到他。我走進辦公
室，見到理查和他的搭檔，威廉‧艾克哈特──後來，熟識以
後，我們都叫他們理奇和比爾。理奇體型壯碩，面容和善、態
度文靜。比爾身型精瘦、中等身高，他的外表和穿著就像是芝
加哥大學的一位應用數學教授。

　　面試內容和我之前進行書面申請時、理奇的C&D期貨公
司寄給我的測驗內容很像。理奇想知道我對市場的看法、以及
為什麼我認為股票與期貨交易能夠賺錢。他們兩人對於我的背
景都很感興趣。現在回想起來，我算是個特例。即使在今天，
也沒有多少人有像我十九歲時已擁有的特別經歷，至少它和我
們後來學到的交易方法有關。

　　西元1983年秋，個人電腦用戶還不多；事實上，PC才剛
問世不久。然而，我卻因為課餘兼差，負責設計蘋果電腦二代
程式達兩年多。我設計電腦程式來分析當時所謂的「系統」：
也就是輸入特定規則、根據價格動向來決定何時買賣股票或期
貨的交易策略。兩年的打工經驗中，我總共寫過三、四十種不
同的程式，我利用歷史數據，來算出這些系統在各個市場中可
望賺多少錢，藉此測試這些交易系統。後來我才知道，這在
1983年，算是走在科技尖端的研究。

這項有趣的兼差工作最後變成我的愛好。我打工的公司叫做哈佛投資服務公司，公司地點就在波士頓市四十哩外、麻州哈佛鎮的一間民宅廚房內。哈佛是典型的新英格蘭小鎮：蘋果園、小型圖書館、鎮公所及廣場。哈佛投資服務公司總共只有三名員工：喬治・阿爾恩特（George Arndt）（他是這間廚房兼公司的所有人，負責告訴我們該做什麼），我的朋友提姆・阿諾（Tim Arnold）還有我。提姆和我負責公司所有苦差事。

喬治是第一位讓我對交易產生興趣的人。他曾把他的《股票作手回憶錄》（*Reminiscences of a Stock Operator*）借我閱讀。這是艾德溫・李菲耶（Edwin Lefevre）描述知名投資專家傑西・李佛摩（Jesse Livermore）的傳記小說。我不知道是因為李菲耶的故事說得太傳神、還是李佛摩超凡的個性，這本書竟讓我無法自拔。我也想當一位交易專家。我還自信我能夠、也一定會成為一位偉大的交易專家。我就是帶著這份自信，以區區十九歲的年紀，天不怕、地不怕的與理奇和比爾會面。

分析交易系統的工作經驗竟成為我在這次面試、及後來訓練課程的絕佳背景。我相信，因為我有這段不尋常的打工經驗，所以比其他學員更快吸收理奇和比爾的交易秘訣，而且，我最後為理奇所賺得的金額，也比其他所有海龜成員來得多。從一開始，我對於他們兩人的做法和系統性的交易理論，就比其他人來得更有信心。

就是因為我這份信心，讓理奇堅信我最後一定會成功、而且也認為我有能力發揮我的交易潛能。我的背景讓我做到其他

海龜成員所做不到的：那就是，謹守兩週訓練課程所略述的簡單規則。其他海龜成員第一個月未能遵守這些規則，聽起來似乎很奇怪，讓我先賣個關子，稍後再告訴你。

※　　※　　※

我沒有實際交易的經驗，一開始，我很擔心這會對我不利。我自認為本身的系統測試背景足以彌補不足，但所缺乏的實戰經驗仍舊是他們的主要考量。從理奇和比爾提出的問題中，明顯可以看出他們在評估申請者的基本知識和推理能力。我對這一點並不感到意外，因為之前在書面問卷中，也問及我們的學業性向測驗（SAT）分數，另外也有不少問題旨在評估我們的理解力。讓我意外的是，他們竟然想知道我對於交易方面、有哪些事情我完全不相信、又有哪些事情讓我深信不已。

我永遠記得這個時刻，因為就在此時，我相信我一定會被錄取。我先說了我不相信的事情，有許多人真以為有什麼秘密的魔法石存在、讓人能夠擁有預測市場的神奇本領，我完全無法苟同。我認為，像是小麥或黃金價格這麼複雜的東西，存有太多變數，絕對無法確實預測，一心想要求得魔法石的人恐怕會大失所望。

我說了一個喬治告訴我的故事做為佐證：有一個神奇的玻璃圓盤，上面有許多條曲線和直線，若把它放在市場走勢圖上，則高價和低價走勢恰好符合圓盤上的線條，就像是市場依著某種秘密秩序在走一樣。他們對於這個故事反應不錯，此時我心裡想：「我一定會被錄取的。」

　　有不少事都被我料中了。我真的被錄取了，而且理奇和比爾測試的果真是申請者的智慧和悟性。他們要的人、要能夠說出自己認為交易獲利的必備特質是什麼。他們也忠於科學家精神，特別挑選不同背景的人進入海龜訓練班參與實驗。首屆成員包括以下人士：

- 電動遊戲玩家。此人同時也是角色扮演線上遊戲「龍與地下城」（Dungeons and Dragons）所使用的《地下城主手冊》（*Dungeon Master's Manual*）的編輯，該遊戲在 1980 年代初期非常受到玩家的喜愛。
- 芝加哥大學語言學博士。
- 有個人曾服務於農產品龍頭嘉吉（Cargill）公司、負責買賣穀物，此人學生時代曾榮獲麻州西洋棋冠軍。
- 有幾個有交易背景的人。
- 一位會計師。
- 21 點及西洋雙陸棋職業玩家。

　　這群人當中，有許多位都是我所見過最聰明的人。理奇和比爾絕對是選擇非常聰明的人、並且特別著重數學與分析能力。後來，理奇曾在面試時說過，他們尋找的是擁有「過人智力」的人，而且因為申請者眾，所以他們有挑剔的本錢。入選的海龜成員中，許多人的確具備這項特質，但並非每個人都是。令人意外的是，我不認為我們的智力和最後的成敗有必然的相關性。還有一個共同特點是傅弈理論和策略的背景、以及

對機率數學和賭博遊戲的理解。沒多久，我們就明白為什麼他們特別重視這方面的經歷。

※　※　※

面試後，又過了幾個禮拜，我接到理奇的來電，告知我被錄取參與訓練計畫的消息。當時我一定太過鎮靜，因為後來他告訴我，在所有錄取者當中，只有我在聽到這個消息時，似乎一點都不興奮。他甚至不確定我是否會露面。

理奇告訴我，訓練課程時間訂於當年最後兩周，在這個為期兩周的課程結束後，我們將實際管理一個小型帳戶。他還說，如果我們在這個初步試驗性的小型帳戶上表現優異，他們會給每位一個百萬美元交易帳戶。

理奇認為他能夠在兩週內訓練出一批交易人，有些人可能對此感到訝異。可是，現在讓我訝異的是，他居然認為需要這麼久的時間。事實上，隔年理奇和比爾再度錄取一批新海龜成員時，訓練期就縮短為一周。交易的困難不在理論、而是實際應用。想要學會如何交易並不難，但要把這些課程應用在實際交易上，就相當困難。

試驗交易期為期一個月，結束後，理奇評估我們的表現。有些海龜成員獲得一百萬美元的全額交易、有些人獲得的金額較少、還有些人被告知要繼續試驗管理帳戶。理奇給我一個兩百萬美元的帳戶，而且，在整個海龜計畫期間，我一直為他交易這個最大的帳戶。

我會在本書說明為何理奇在短短一個月內，就能夠比較出

我們每個人的能力、他所尋找的究竟是什麼能力、以及為什麼他給我的帳戶規模遠大於其他海龜成員。理奇很早就看出我具備這項能力，後來，也在許多成員身上發現這項能力；這就是我所謂的「海龜風格」。

在我詳細介紹海龜交易法之前，先讓我廣泛討論交易，並從心理學層面來剖析海龜成員交易成績亮麗的原因、以及優秀的交易人有何獲利秘訣。前兩章著墨的是基礎，等到第三章，再回到我的海龜故事，然後，就開始詳細介紹海龜交易法。

第一章

風險入迷者

高風險、高報酬：玩這場遊戲非得藝高人膽大

——海龜計劃展開前，我對友人說的話

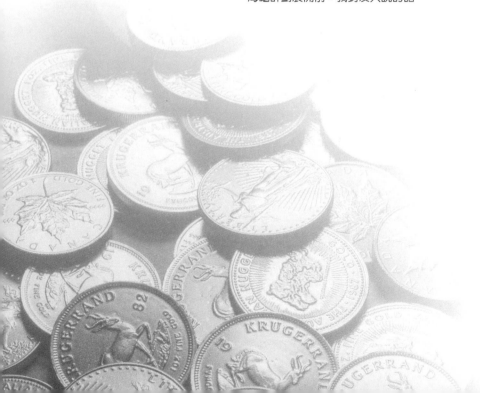

人們常感好奇，是什麼讓人成為交易人、而非投資人。兩者區分並不清楚，因為有很多人自稱投資人，但他們的行為其實應該屬於交易人。

投資人買了東西會放長期，以為經過幾年的時間後，他們的投資會增值。他們買的東西是真實存在的東西。華倫·巴菲特（Warren Buffett）就是一位投資者。他專買公司，不買股票。他買的是股票所代表的東西：公司本身，再加上管理團隊、產品和市場參與。他不在乎股票市場是否能反映公司的「正確」價格。事實上，他就是靠這一點來賺錢。當公司對他的價值大於股市價格，他就買進；當公司價值低於股市價格，他就賣出。他精於此道，也在這上面賺了很多錢。

交易人不買像公司這種實體物品；他們並不直接購買穀物、黃金或白銀。他們買的是有價證券（stock）、期貨契約（future contract）和選擇權（option）。他們不在乎管理團隊的是好是壞、也不管美國天候嚴寒的東北部石油消費狀況或全球咖啡生產狀況。他們只在乎價格；基本上，他們買賣的是風險。

彼得·伯恩斯坦（Peter Bernstein）在《馴服風險》（*Against the Gods: The Remarkable Story of Risk*）一書中提到，市場的發展已經讓風險能夠從一方轉嫁到另一方。這正是金融市場成立的原因、也是它們持續提供的功能之一。

在現今市場中，企業為避免國外供應商受外匯波動影響而衝擊業績，可以購買遠期或期貨契約來避險。另外，為防將來

像是石油、銅和鋁這類原物料價格上漲，企業也可以購買契約來保護自己。

公司買賣期貨契約、來抵消原物料價格變化或匯率波動所帶來的風險，這叫做避險（hedging）。對於易受石油這類原物料價格影響的公司來說，適度的避險能帶來極大好處。當油價上漲，除非票價也跟著上漲，否則獲利一定下滑。而調高票價可能會拉低業績，因此獲利也會下降。但票價不變將拉低獲利，因為油價上漲、成本跟著增加。

想要解決這個難題，就要在石油市場中避險。西南航空（Southwest Airlines）已避險多年，當油價從每桶 25 美元上漲到 60 美元以上時，該公司成本並未顯著增加。事實上，西南航空的避險操作相當成功，即使在油價上漲多年以後，該公司有 85% 的石油成本仍舊是每桶 26 美元。

過去幾年來，西南航空維持一貫的亮麗業績，這並非偶然。西南航空的管理團隊深深了解，他們的企業宗旨是讓人們四處邀遊，而不是擔心石油價格。他們利用金融市場、來保護公司獲利不受油價波動的影響。他們很聰明。

誰把期貨契約賣給像西南航空這樣想要避險的公司呢？交易人。

交易人買賣風險

交易人交易風險。風險有很多種，而每一種風險都由不同

類型的交易人來負責。為易於本書讀者了解，我們將各種風險分為兩大類：流動性風險（liquidity risk）與價格風險（price risk）。

有許多交易人——也許大部分皆如此——是所謂的流動性風險極短線作手。這指的是交易人無法買賣的風險：當你想要賣出某一筆資產時、沒有買家，或者，當你想要買進某一筆資產時、沒有賣家。在金融領域中，談到流動資產（liquid assets），多數人都知道流動性這個名詞。流動資產是指隨時能快速兌現的資產。銀行的現金流動性就非常高，交易量高的股票流動性也算高，而土地的流動性則非常低。

假設你想買進 XYZ 股票，而該股上一筆交易價為 28.5 美元。若你查詢 XYZ 股價，你就會看到兩個價格：買價和賣價。舉例來說，假設你查詢 XYZ 股價，得到買價 28.5 美元、賣價 28.55 美元。這表示，如果你想要買進，你就得付出每股 28.55 的價格，但若你想要賣出，你只會獲得每股 28.5 的價格。這兩種價格的差額叫做價格差異（spread）。專門買賣流動性風險的交易人通常被稱為搶帽客（scalper）或造市者（market maker）。他們從價格差異中獲利。

還有一種方式叫做套利（arbitrage），也就是買賣某一市場的流動性，以獲得另一市場的流動性。套利交易人也許會買進倫敦原油、賣出紐約原油，或者，他們可能會買一籃子股票、賣出投資組合類似的指數期貨。

價格風險和價格會大幅上揚或下滑的機率有關。農夫會關

心油價上揚，因為肥料和牽引機燃油也會跟著漲價。農夫還擔心他們的農產品（小麥、玉米、黃豆等等）下滑幅度過大，以致出售時無法獲利。航空公司主管擔心石油成本可能增加和利率走高，導致飛機融資成本提高。

避險者把風險轉給買賣價格風險的交易人，以避免價格風險。專門操作價格風險的交易人被稱為投機者（speculator）或部位交易人（position trader）。投機者的獲利方式，是在價格上揚時先買後賣，或價格下跌時先賣後買，這種方式稱為做空（going short）。

交易人、投機者和搶帽客——我的天哪！

市場是由一群相互買賣的交易人所組成。有些交易人是搶短線的搶帽客，他們不斷地在買價與賣價之間賺取小額價差；有些則是投機者，他們企圖從價格變化中獲利；另外還有想要避險的企業。這裡的每一種交易類型，都充滿著交易高手、但也不乏菜鳥。讓我列舉以下幾筆交易，來說明每位交易人操作手法有多麼不同。

ACME 公司欲透過芝加哥商業交易所（CME）買進十張英鎊期貨契約，藉此規避他們在英國的研究實驗室成本升高的風險。 ACME 面臨風險，這是因為英鎊持續升值，而實驗室的成本是以英鎊支付。英鎊兌美元匯率升高，會造成研究中心成本增加。購買十張英鎊期貨契約來避險，便能讓公司不受匯

率升值的影響，因為當英鎊升值時，期貨獲利可望抵銷研究成本的增加。ACME 公司向芝加哥商業交易所的交易員山姆購買英鎊期貨，山姆的角色，就是一般俗稱的搶帽客。

　　實際交易由 ACME 的券商來進行，這家券商是 MAN 金融公司，該公司也有員工在交易廳工作。有些員工進駐交易廳周圍的辦公桌擔任電話營業員，也有人在英鎊交易廳擔任交易員，為 MAN 進行交易。跑單員（runner）把電話營業員接獲的委託下單交給交易廳裡的交易員，這名交易員就與山姆進行交易。若遇到鉅額委託或市場變化快速的情況，MAN 在交易廳工作的交易員可使用手勢來接收 MAN 電話營業員的買賣單。

　　期貨契約是憑所謂的契約規格（contract specification）來買賣。這些文件清楚說明數量、貨物種類、有時也明定特定商品的品質。在過去，契約大小是以剛好裝滿一節火車車倉的數量為基礎：穀物可裝 5,000 蒲式耳（譯註：穀物、水果等容量單位）、糖可裝 11.2 萬磅、原油可裝 1,000 桶等等。因此，契約有時也被稱為車倉。

　　交易以一張契約為單位，買賣數量不能低於一張契約。交易之契約規格並界定最低價格波動。這在業界是指最低限度的價格變動（或上漲、或下跌）（稱為 tick 或 minimum tick）。

　　CME 訂出的英鎊期貨契約規格，一張契約價值為 6.25 萬英鎊，最低價格變動是百分之一分，也就是 0.0001。因此，每一次的價格變動價值為 6.25 元。這表示，山姆賣出十張合

約,每次價格變動時,就可賺進 62.5 元的價差。而他賣出十張契約給 ACME 公司時,買價為 1.8450 元、賣價為 1.8452 元,價差為兩次的價格變動,因此,山姆得馬上以 1.8450 元的價格,從他處買進十張契約。如果他成功以 1.8450 元買進,則表示他有雙倍價格波動的利潤、大約 100 多元(譯註:62.5 × 2)。山姆向大戶投機者、艾斯先生購買了十張契約,艾斯先生正企圖累積看跌部位;也就是所謂的空頭部位(short position)。艾斯先生可能會持有這些契約十天、也可能十個月,這得視他買進後的市場走勢狀況而定。

因此,以上交易牽涉了三種交易人:

- **避險者**:ACME 企業的避險部交易人。他想排除匯率波動所造成的價格風險,因此設法在市場抵銷此風險。
- **搶帽客**:場內自營商山姆。他專門買賣流動性風險,他迅速和避險者交易,希望能賺取價差。
- **投機者**:艾斯先生。ACME 企圖規避的原始「價格風險」最後由他承擔,他看空未來幾天或幾周的英鎊市場。

交易廳的恐慌

讓我們稍微改變一下劇情,來說明價格變動背後的機制。假設在山姆如願買回十張契約、沖銷原來手上的十張空頭部位之前,卡里昂金融公司的一位經紀人開始以 1.8452 的賣價買

進。該名經紀人買進大量契約，讓所有場內自營商都開始緊張起來。

有些場內自營商可能擁有多頭部位，但多半手上都已經持有十張、二十張、甚至一百張的空頭部位；這表示，如果價格上揚，他們都會賠錢。而且卡里昂公司代理非常多的大型機構投機者和避險基金，因此該公司的買進動作尤其令人擔憂。「卡里昂公司究竟還要買進多少張契約啊？」場內的搶帽客彼此問道。「背後的大戶究竟是誰？」「這是不是更大訂單的一小部份而已啊？」

如果有場內自營商已經賣掉二十口空頭部位，則你可能會開始緊張。假設卡里昂公司總共要買五百或一千張期貨契約。此舉可能會把價格推升到 1.8460 元或 1.8470 元。之前價格為 1.8452 元時，你絕對不會想要賣出手上的契約。等到價格變為 1.8453 或 1.8455 時，你可能會想賣出部分部位，但也許會放棄等候價格跌到原來設定的 1.8450 元，而在回跌到 1.8452 元時就買進沖銷，甚至還會不惜在 1.8453 元或 1.8454 元就小賠殺出。

在這種情況下，買價與賣價之間的價差會擴大，變成買價 1.8450 元、賣價 1.8455 元。或者，買價與賣價同時升高，變成買價 1.8452 元、賣價 1.8455 元，因為空頭操作的搶帽客在 1.8452 元時就開始努力持平殺出。

是什麼改變讓價格上揚？價格變動反應買賣雙方對市場的整體看法：包括當日買進買出數次、以當沖交易賺取價差者；尋求當日價格小幅變動的投機客；尋求數週或數月價格大幅變

動的投機客;以及規避業務風險者。

當整體看法改變,價格也跟著變動。假設,不管基於什麼原因,賣方不再願意以時價賣出、而報出更高價格,而買方也願意用較高的價格買進時,價格就會上揚。如果,不管基於什麼原因,買方不接受時價、而報出較低的買價,而賣方又願意以較低價格賣出,價格就會下滑。

投資人整體看法足以左右市場走向。假如有夠多的場內自營商在大筆買單進入時、還持有許多空頭部位,就會引起恐慌。大戶也許能夠帶動價格上揚,造成大量買盤湧入市場,引起更顯著的價格變動。因此,價格開始上揚時,有經驗的搶帽客就會迅速出脫手上的空頭部位,站在買方進行對沖。

利用上述例子,動作不夠快的場內自營商,每張契約很可能就損失 10、20 甚或 50 個單位的價差。假設他手上有 50 張契約,以每張 50 個價格變動來算,總共損失達 15,625 元(50 × 50 × 6.25 元),這比他一整個禮拜、甚或一個月所能賺的還要多。眼看著大筆金錢憑空消失,他很可能在心痛不已的情況下,慌張地以任何時價買進。在變動快速的市場中,這可能只是一、兩分鐘之內的事情;變動較慢的市場,也不過 10 到 15 分鐘。

經驗豐富的交易人不僅盡早出脫她的空頭部位,等到價格開始上揚,她還會買進多頭部位,以賺取更多利潤。當經驗不足的交易者開始恐慌地買進,此時,再度提供給交易老手一個大好機會,讓他賣出最近取得的多頭部位,另外再賺一筆。

　　我們將下一章分為兩部份，先探討造成對市場不同看法的心理偏見，然後再比較常常賠錢的交易新手、和投機成功的交易老手在行為上有何不同。另外，我們也會討論各種交易風格、以及適合這些風格的市場形勢。最後，再說明理奇如何在短短幾周的時間，將每位交易菜鳥訓練成有能力賺大錢的交易高手。

交易廳的沒落

　　在我們還是海龜學員時，期貨契約只在商品交易所的交易廳內買賣，在那裡，交易員們摩肩擦踵比著手勢、進行肉搏戰。在旁觀者眼中，他們就像一群瘋子。

　　交易廳正逐漸沒落。幾乎在每個市場，都由電子交易取而代之。電子交易好處多多，除了成本低、速度快之外，交易員還可以決定是要分分必爭、還是毫秒必爭。這些好處逼著傳統期貨交易廳逐漸式微。凡是電子交易和場內交易並行的市場，交易量皆大量移入電子交易市場。事實上，很有可能在本書付梓之前，美國國內所有在場內交易期貨的交易所可能都已關門大吉。

　　像我們這些早在電子交易出現之前就已經開始買賣期貨的人，對於交易廳的沒落不勝唏噓。在芝加哥，像理查・丹尼斯這樣、來自於勞動階級、在交易廳賺得百萬美元的人，其實不在少數。對於技術高超的交易員來說，場內是比較能夠發揮實力的地方。在交易廳中，你才能從其他交易員臉上看出市場心理。螢幕上的數字絕對無法傳達這種資訊。許多

交易員最初都是擔任為電話交易員跑單的工作。這種工作已經快要絕跡了。

不過，儘管我們對於交易廳的沒落感到傷心和不捨，新興的電子市場還是提供許多新契機。交易成本較低，而且也創造出使用頻繁交易策略的交易機會。有些電子市場交易量夠大，在價格開始變動之前，就能夠買賣上百萬美元的期貨契約。

請記住，本書所介紹的是以場內交易為主，在許多市場，這可能不是主要的交易方式。不過，市場參與者和他們的行為都還是一樣的。不管你是電子交易還是打電話請經紀人在場內交易，賠錢都一樣痛苦。避險者、搶帽客和投機者依舊存在，躲在螢幕後方，等著把你生吞活吃。

第二章
馴服海龜心智

人類情緒既是交易機會來源、也是最大挑戰。掌握它、你就會成功。忽略它、後果自己承擔。

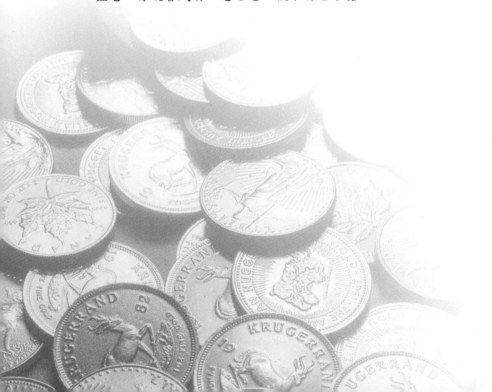

　　期貨交易想要創造亮麗成績，必須了解人類心智。市場由個人所組成，每個人都存有希望、恐懼和弱點。做為交易人，就是從這些人類情緒中尋找機會。還好，有一些很聰明的人——那些行為財務學先驅——已經找出人類情緒影響決策過程的方式。行為財務學幫助交易人和投資人了解影響市場走勢的原因。羅伯特・辛勒（Robert Shiller）已經再版的驚奇之作《非理性的繁榮》（*Irrational Exuberance*）以及賀許・薛弗倫（Hersh Shefrin）的經典之作《貪婪和恐懼》（*Beyond Greed and Fear*）出版後，行為財務學更引起大眾關切。

　　究竟是什麼因素使得價格上上下下呢？（價格變動能夠讓一個原本清心寡欲的人、陷入泣訴無言的慘境。）行為財務學鑽研影響買賣決策的認知與心理因素，能夠說明市場現象與價格變動。利用這種方式，我們發現人類在不確定的情況下，容易犯下系統性錯誤。在壓力之下，人們對於風險和事件機率的判斷力極差。還有什麼要比賺錢賠錢更令人緊張呢？行為財務學已經證明，人們在遇到這類情況時，很少會做出完全理性的決定。成功的交易人了解這個現象，而能從中獲利。他們知道別人做出錯誤判斷時、就是他們賺錢的大好機會，而且，交易高手知道這些錯誤能夠從市場價格變動中看出：海龜成員都知道這一點。

感情用事

多年來，經濟與財務理論都是以理性行動者（rational actor）理論為根基，聲稱個體行為講求理性，而且在決策過程中，會把所有可得資訊列入考量。交易人都知道這種觀念是胡說八道。交易贏家之所以賺大錢，就是因為利用其他交易人不斷展現出的非理性行為模式。學界早已發掘大量證據，證明人們的行為一點都不理性。學術研究記錄了數十種非理性行為和一再重複的誤判情況。交易人百思不解，為什麼還有人持相反意見。

海龜交易法之所以奏效、而且經得起時間考驗，是因為以市場變動為基礎，而且他們知道，市場變動是來自於系統性和不斷重複的非理性，這種非理性存於每個人的心中。

你在交易時，是否常常感受到以下情緒：

- **希望**：我當然希望在買進後、價格會上揚。
- **恐懼**：我不能再賠錢了；我先暫時觀望。
- **貪婪**：我已經賺了那麼多錢，我得加倍持有部位。
- **沮喪**：這套交易系統沒有用；我一直賠錢。

海龜的做法，是找出市場行動，掌握這些人性所帶來的機會。本章會提出範例，說明人類情緒和非理性思維、如何創造出表示賺錢機會的重複性市場模式。

在比較簡單的情況下，人們已經發展出某些方式來自圓其

說地看待這個世界；不過，在交易時，這些看法就成了絆腳石了。科學家將人們對於現實看法扭曲的現象稱為認知偏差（cognitive biases）。以下列出幾個影響交易的認知偏差：

- **損失趨避**（loss aversion）：人們對於避免損失的欲望比賺錢還要強烈的傾向。
- **沉沒成本效應**（sunk costs effect）：把已經投入或花費的金錢、看得比未來可能賺取的金錢還重要的傾向。
- **處分效應**（disposition effect）：太早獲利了結、太晚停損出場的傾向。
- **結果偏差**（outcome bias）：不考量決策當時的狀況、而以結果論成敗的傾向。
- **近期偏差**（recency bias）：偏重最近的數據或經驗、而輕早期數據或經驗的傾向。
- **定錨效應**（anchoring）：太過倚重、或鎖定既得資訊。
- **跟風效應**（bandwagon effect）：因為許多人相信、而跟著相信的傾向。
- **相信少數法則**（belief in the law of small numbers）：從少量資訊歸結出不當結論的傾向。

以上項目並不完整，但已經涵蓋幾個能影響交易和價格、最強力的錯誤觀點。現在，讓我們詳細探討各個認知偏差。

受損失趨避所影響的人，對於避免賠錢往往要比賺錢還要重視。對於多數人而言，損失 100 元和沒有賺到 100 元是不一

樣的。不過,從理性的觀點來看,這兩件事應該沒有兩樣:兩者都表示淨值少了 100 元。研究顯示,損失所造成的心理衝擊、是賺錢的兩倍。

※　※　※

從交易上來說,損失趨避會影響一個人遵守制式交易系統的能力,原因是,遵守系統而導致損失、要比遵守系統而賺錢感覺更為強烈。同樣是賠錢,因遵守規則而導致損失,絕對要比錯失某個機會、或忽略該系統還要難以承受。因此,損失一萬元、感覺起來就像是錯過賺得兩萬元一樣扼腕。

在商業界,沉沒成本是指已經投入、無法取回的成本。舉例來說,已經用在某個新科技研究上的投資,就屬於沉沒成本。沉沒成本效應是指人們在做決策時,傾向過於重視已經花掉的金額、也就是沉沒成本。

比方說,ACME 公司已投入一億美元來發展製造筆記型電腦螢幕的某一技術。現在,假設這筆投資花光後,公司發現,另外一種技術明顯高明許多,而且比較可能在限期內創造出理想結果。完全理性的做法會是,權衡改採新技術的未來成本、以及繼續使用現有技術的未來支出,然後,僅根據未來效益和支出來做出決定,完全不考慮過去已經花掉多少錢。

然而,沉沒成本效應會讓決策者把已經花掉的金額列入考量,而且,他們會認為,如果此時更換製造技術,那麼之前那一億美元就等於白白浪費。即使未來在製造筆記型電腦螢幕上,會花兩、三倍的支出,他們還是可能會決定維持原技術。

沉沒成本效應所導致的不智決策，最容易在集體決策時發生。

　　這種現象對於交易有何影響呢？想想一個典型的新手，期望自己的第一筆交易有 2,000 美元的獲利。買進時，他把停損點設在 1,000 美元的損失。幾天後，這筆交易部位帳面上已損失 500 美元。再過幾天，帳面損失已達 1,000 美元：高於交易帳戶的百分之十。該帳戶價值以從一萬美元跌至不到 9,000 美元。這剛好也是這名交易員之前所設定認賠殺出的停損點。

　　此時，交易員考慮是該確切執行停損、損失 1,000 元賣出，還是該繼續持有這個部位，想想認知偏差會如何左右他的決定。如果他決定認賠殺出，損失趨避效應會加劇他的痛苦。他相信只要不退場，市場就可能止跌回升，讓他轉虧為盈。沉沒成本效應會讓決策者想盡辦法不浪費已經投入的 1,000 美元、而忽略市場未來真正走向。因此，這名交易新手決定繼續持有部位，不是因為他認為市場將止跌回升，而是因為他不想損失那 1,000 美元。那麼，如果價格繼續下跌，他的帳面損失增為 2,000 美元時，他會怎麼做呢？

　　理性思維會告訴他應該出場。不管他之前對市場的展望如何，市場的實際表現顯然告訴他；他是錯的，因為價格早已跌破他原來的停損點。不幸的，在這個時候，以上兩種認知偏差更為強烈。現在，他想要避免的損失已經加大，更加難以承受。對於許多人來說，這種行為會一直持續下去，直到賠光所有金錢、或者在損失幅度達到三成至五成、實際損失已達原來停損的三至五倍時，恐慌地出場。

　　網路熱潮高漲時，我在矽谷工作，當時有很多朋友在高科技公司擔任工程師或行銷人員。有些人因為公司新上市，手上的股票選擇權價值達上百萬美元。從西元 1999 年底到 2000 年初，他們看著公司股票價格一天天上揚。直到兩千年，股價開始下跌，我問他們什麼時候才要把手上股票賣掉。所得到的答案多半大同小異：「如果股價回升到 X 元，我就會賣掉。」他們設定的這個價格遠比當時的股價高出許多。這些沒有及時賣出的朋友，多半眼睜睜地看著手上的股票價值跌到剩下十分之一、甚至百分之一。股價跌得越多，等待的理由就越正當。他們會這麼說：「我已經損失了兩百萬美元，再多個幾十萬元有什麼差別？」

　　處分效應是指投資人傾向賣出上漲的股票、留住下跌的股票。有人說這種效應和沉沒成本效應有關，因為兩者都證明人們不想面對之前的決定未能奏效的現實。同樣的，想要鎖住賺錢交易的念頭，就是從想要避免損失獲利而來。對於有這種傾向的交易人來說，因為太早獲利了結，而難以彌補巨額損失。

　　結果偏差是指以結果論成敗，而不管決策當時是否做了正確決定。人生充滿不確定性。有許多牽涉到風險和不確定性的問題，都沒有正確的答案。因此，人們只能做出他認為理性、看起來正確的決定，但由於預料之外與難以預料的情況，做出的決定未必能產生理想結果。

　　結果偏差讓人們過於強調實際發生的事情，而忽略了決策本身的好壞。在交易時，就連正確做法也會造成虧損交易，甚

至損失接踵而來。這些損失會讓交易人對自己和他們的決策過程產生懷疑，而由於他們一直以來所使用的方法產生負面結果，因此完全加以推翻。下一個偏差讓這個問題更加嚴重。

近期偏差是指人們傾向特別重視最近的數據和經驗。昨天的交易要比上週或去年的交易來得重要。兩個月的虧損交易和之前六個月的獲利交易一樣重要、或更為重要。因此，近期幾筆交易的成績足以讓多數交易人懷疑他們的交易方法和決策過程。

定錨效應是指人們做決策時若牽涉到不確定性，常常會過分依賴既得的資訊。他們可能會鎖定近日的某個價格，然後看目前價格與該價格的關係來做決定。這就是我那些朋友一直不願賣股票的原因之一：他們把股價鎖定在近日高點，然後把目前價格與這些高點做比較。兩相比較之下，時價總是顯得過低。

人們往往相信許多人所相信的事情，這種現象叫做跟風效應、或是群體效應（herd effect）。跟風效應是造成價格泡沫化末期、漲勢銳不可擋的部分原因。

輕信少數法則的人，相信少量樣本足以代表整體。在統計學上，有個大數法則（law of large numbers），是指樣本數量夠大，其結果便能非常接近母體平均。該法則是民意測驗的基礎。從人口中隨機取樣 500 人，所得到的結果，足以用來預測兩億或更多人口的意見。

相反的，極少量的樣本無法反映整體。舉例來說，如果某

個交易策略在六次的測試中、有四次奏效，多數人會說這是個好策略。然而，統計證據卻指出，想要歸結出確定的結論，資訊尚不足。如果某位基金經理人連續三年操作成績優於指數，投資人會把他奉為英雄。不幸的，幾年的績效根本難以預測長期的表現。

輕信少數法則讓人們太快獲得信心、也太快失去信心。若再加上近期效應和結果偏差，往往會讓交易人在某些有效做法剛要再度發揮效果之前，就草率放棄。

認知偏差對於交易人影響深遠，因為，如果有哪個交易人不受這些偏差的影響，那麼，幾乎每一種偏差都是賺錢的大好機會。在接下來的幾個章節，當我們開始探究海龜交易法的各個層面時，你將會看到，避免這些偏差將能為你帶來極大的交易優勢。

海龜做法

討論過交易人的心態後，現在讓我們來看看許多交易賺錢的方式。不同的交易策略或交易風格各有其崇拜者。事實上，有些交易人非常篤信自己所使用的方式，因而認為其他方法都比較差。我不這麼認為。只要能奏效的方式都有其效用。獨尊一種方法、而排除其他所有方法，這是很愚笨的行為。接下來將探究幾個目前市場最受歡迎的交易方式。第一種方法被稱為順勢投資（trend following）。

順勢操作（trend following）

順勢操作是指交易人企圖掌握好幾個月來的大幅價格變動。順勢操作者在市場到達歷史新高或新低時進場，而在市場反轉並持續走勢數週時退場。

交易人花了許多時間來發展出判定趨勢何時形成、何時結束的方法；不過，所有有效的方式都有類似的績效特性。順勢投資的方式報酬不差，而且在期貨投資上持續有亮麗成績，不過，對於多數人而言，這不是個容易的策略，原因如下：

首先，大趨勢久久才出現一次；這表示，順勢投資策略造成的虧損交易比例遠大於獲利交易。順勢投資系統有百分之六十五至七十的虧損交易，這是很正常的。

其次，除了沒有趨勢出現時容易賠錢外，當趨勢倒轉時，順勢操作系統也會賠錢。海龜成員以及其他順勢操作者常常會說：「趨勢是你的朋友，等到最後它轉向，便跟你反目成仇。」末端轉向對於你的帳戶和你的心裡都是殘忍的打擊。交易人把這些虧損時段稱為連續虧損（drawdown）。連續虧損通常在某一趨勢結束時展開，如果遇到市場一直起伏不定，則可能持續好幾個月，使得趨勢操作者持續虧損交易。

連續虧損的程度通常以它們的持續程度（以天數或月數計）與強度（通常以百分比呈現）來衡量。一般來說，順勢投資系統連續虧損的程度達到報酬的程度是很正常的。因此，如果某一順勢投資系統年報酬率預計為百分之三十，則虧損期的帳面

損失也有可能比高點少掉百分之三十。

第三，順勢投資需要較龐大的資金，在交易時要使用風險限額，因為，交易成績不理想而退場時的停損價格、和原來的進場價格差距非常大。

順勢操作時，如果資金太少，賠錢機率很大。我們會在第八章「風險與資金管理」更詳細討論這一點。

逆勢操作（countertrend trading）

逆勢操作使用和順勢操作相反的策略，企圖在市場趨勢不明時獲利。逆勢操作的交易人在市場高點時非但不買進，反而在價格接近相同新高時放空，因為指數突破高點時，多半不會形成上漲趨勢。我們會在第六章探討讓逆勢操作獲利的市場機制：支撐與壓力。

波段交易（swing trading）

波段交易和順勢操作基本上是相同的，不過，前者鎖定的是短期市場變動。例如，一筆好的波段交易可能只持續三、四天，而不是好幾個月。波段交易者往往留意是否有任何意味著短期上漲或下跌的價格變動模式。

波段交易者觀察的是五分鐘、十五分鐘甚或每小時走勢圖。在這類走勢圖上，會出現三或四天的大變動，就像在每日走勢圖中、持續三到六個月的趨勢一樣。

當日沖銷交易（day trading）

當日沖銷所牽涉的時間太短，其實算不上是一種操作方式。真正的當日沖銷交易人會設法在每日收盤前出場。因此，她或他的部位比較不容易受到當晚發生的消息所影響。當日沖銷交易人使用的交易方式，不外乎以下三種：部位交易（position trading）、搶帽子（scalping）或套利（arbitrage）。

當日沖銷交易人通常也使用順勢操作或逆勢操作這類作法，只是，跑的是極短線。一筆交易可能只持有幾個小時，而非幾天或幾月。

搶帽是一種很專門的交易方式，在以前，只有那些場內自營商可以這麼做。搶帽客在買價和賣價之間求利潤，也就是所謂的價差。如果黃金買價是 550 美元、賣價是 551 美元，搶帽客就會企圖以 550 美元買入、然後立刻以 551 美元賣出。因此，搶帽客在喊買喊賣間創造流動性，希望在買單和賣單之間賺點餘額。

套利是利用同一市場、或類似市場間的價格差異來設法獲利的交易方式。通常，這些市場各自在不同的交易所交易。例如，套利交易人可能在紐約金市（Comex）以 550 美元買入黃金，然後在芝加哥期貨交易所的 globex 電子盤、以 555 美元賣出五張小型黃金期貨契約，來賺取極短線的價格差距。

觀察市場狀態

以上策略各自在不同時間發揮效用：市場價格以某一種方式變動時，或是市場處於某種狀態。

如圖表 2-1 所示，投機市場有以下四種狀態：

- **靜態持平**：*價格傾向在極小的範圍內緩慢上揚或下跌。*
- **動態持平**：*每日或每周變動極大，但拉長幾個月來看，並沒有重大變化。*
- **靜態趨勢**：*以幾個月來看，可看出價格緩慢地朝同一方向移動，沒有重大轉折或反向走勢。*
- **動態趨勢**：*價格變化劇烈，而且偶有短暫轉向的走勢。*

順勢操作者最喜歡靜態趨勢市場。在沒有劇烈價格反轉的情況下，他們能夠從中獲利。此時做長線非常容易，因為在持有部位期間，市場不會出現獲利回吐。對順勢操作者而言，動態市場就難多了。獲利一下子在幾天或幾周之內消失不見，在這種情況下，很難長期持有部位。

逆勢操作者喜歡動態持平的市場。這類市場雖然擺動幅度大，但價格變動範圍還算小。波段交易者也喜歡動態市場，至於是持平或趨勢都不影響。動態市場機會較多，因為波段交易者是從短線的價格變動中來獲利。而這類變動正是動態市場的特性。

要分辨市場是處於以上哪一種狀態並不困難，不過，趨勢

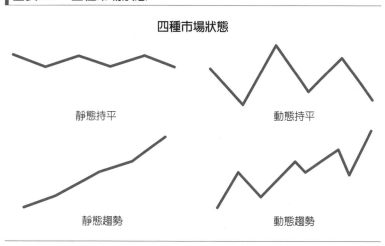

四種市場狀態

靜態持平　　　　　　　　　　動態持平

靜態趨勢　　　　　　　　　　動態趨勢

的程度和變動的幅度在各個時點都不相同。這意味著，市場常會同時呈現兩種狀態，由低走高和由高走低的特性並存。例如，你也許會遇到市場一開始平靜地發展趨勢，然後等到趨勢成形，震盪幅度開始增加，於是市場從靜態趨勢變成動態趨勢。

　　海龜成員從不預測市場走向，而是觀察市場是處於哪一特定狀態的各個指標。這是個很重要的概念。優秀的交易人不會去預測市場未來的表現；而是查看各個透露市場現況的指標。

第三章

第一個兩百萬是最困難的

掌握交易優勢、管理風險、持之以恆、並且保持
簡單。整個海龜訓練內容其實就是成功交易的基礎,
可用以上四原則一言以蔽之。

　　海龜訓練課程在芝加哥聯合俱樂部（Union League Club）的會議廳裡進行。從一開始，整個過程就充滿著矛盾。舉例來說，因為俱樂部有服裝規定，因此他們要我們穿西裝外套，可是，這並不符合理奇的個性。他不是那種會乖乖遵守服裝規定的人。還有，我們也不知道我們怎麼會在這間會議廳裡受訓，不過，沒有其他地方要比這裡更適合進行我們的課程了。聯合俱樂部是個典型的男士俱樂部。早期會員涵蓋芝加哥多位傑出人物，包括肉品公司的菲力普・阿穆爾（Philip Danforth Armour）、一手創立普爾曼鐵道車的喬治・普爾曼（George Pullman）、馬歇爾・菲爾德（Marshall Field）（譯註：芝加哥 Marshall Field 百貨公司老闆）和約翰・迪爾（John Deere）（譯註：John Deere 農業機具公司老闆）。想像一個充滿雪茄菸味的房間，你大概就可以感受到 1983 年的聯合俱樂部是什麼樣子了。這和 C&D 儉樸的辦公室相比，根本就是兩個不同的世界。

　　我們十三位成員在第一堂課首度見到彼此：十一位男士、兩位女士。多半具備交易方面的經驗，但也有幾位像我這樣的新手。我比其他學員都要年輕很多。有幾位學員看起來只有二十幾歲，但就我所能看出的，多數學員都是三十幾歲。即使我當時只有十九歲，我仍覺得我和他們都是同輩；其他人的年齡和經驗完全嚇不了我。

　　在詳細描述我們的課程內容之前，請容我先簡單介紹我自己，以幫助你了解我的個性和觀點如何影響我在理奇班上的學

習成效。我喜歡把觀念簡化，而且善於掌握事情的核心──也就是它的精髓。在整個受訓過程中，我並未詳盡記錄授課內容；我聆聽最重要的觀念：關鍵概念。我留意老師所說的話、以及他們為什麼說那些話。我堅信我之所以在實際操作的第一個月表現傑出，是因為我能夠分辨出課程中最重要的部份。

課程開始

理奇和比爾都授課，他們的創新觀點從一開始就讓我驚豔。他們以科學與理性來看待市場，而且對於他們的成功原則，發展出非常成熟的理解。理奇和比爾並不率性地依照感覺行事，而是根據實驗和研究來發展出交易方法。他們屏棄市場傳聞，而仰仗電腦分析來決定哪種方法奏效、哪種方法無效。他們的科學研究進行得相當透徹，讓他們對於自己的成功交易關鍵備感自信。（這也是讓理奇從一開始就有信心能教會一群生手、贏得賭注的原因。）

理奇和比爾先教我們博弈和機率基礎理論。我在高中時修過機率和統計，因為對於這些內容並不陌生。他們向我們說明資金管理（money management）、破產風險（risk of ruin）、以及期望值（expectation）等知名博弈理論中的基礎數學概念。有好幾位海龜成員以前是專業賭客，因此他們對於這些基本原理都已經很熟悉。稍後我會詳細探討這些理論，現在先簡短介紹課程概要。

破產風險

在網路上搜尋英文 risk of ruin，會看到許多和賭博及二十一點相關的資料，因為這個概念在賭博上要比在交易上來得受歡迎。不過，交易人在決定應該在某一市場買進多少張合約或多少張股票時，破產風險是首要考量。

賭博時，破產風險是指你連輸好幾把、把籌碼全部輸光的機率。舉例來說，假設你玩丟骰子，我說，如果你丟出 4、5 或 6 點，我讓你二賠一。你會想要多下點賭注，因為贏得機率不小。骰子共有六面，擲出 4、5 或 6 點的機率是 50%，這三面都可獲得原賭金的兩倍。這樣的機率顯示，如果你擲四次，則很可能兩輸兩贏。若你每次賭 100 元，則兩輸兩贏後，你的淨獲利為 200 元。

如果你口袋只有 1,000 元，那麼你會下多大的賭注呢：1,000 元？500 元？100 元？問題是，即使賭盤對你有利，還是有輸錢的可能。如果你每次賭注過高，然後連輸好幾次，就有可能把賭本輸光，無法再靠純機率繼續玩。如果你下 500 元賭注，然後連輸兩次，馬上就口袋空空。頭兩次連輸兩次的機率是 25%；因此，一次下注 500 元，賭兩次就破產的危險率是 25%。

破產風險最重要的一點是，賭注越高，危險率將不成比例地變得更大。每把賭注加倍，破產風險則增加不只一倍；視個別狀況，還有可能變成三倍、四倍甚或五倍。

風險控制學

資金管理是指管理市場風險規模，以確保能夠安渡每位交易人都難以避免的難關。資金管理是一門將破產風險保持在可接受的程度、同時又把獲利潛力擴大至極限的學問。

海龜們使用兩種資金管理方式。第一，我們把持有部位分成許多小部份。如此一來，即使虧損，也只損失某一部位的一小部份。理奇和比爾將這些小部份稱為單位。第二，我們使用他們所發明的創新方法來決定每個市場的部位大小。此法是根據定值所算出的市場每日上揚或下跌變化，找出每個市場中需要有多少單位契約數量，才能讓他們全部上揚或下跌到等值的幅度。理奇和比爾把這個波動幅度稱為 N，不過，現在普遍稱之為平均真實價格區間（average true range, ATR）。這個名詞最早是出現在偉達（J. Welles Wilder）的著作、《最新實用股價技術分析》（*New Concepts in Technical Trading Systems*）一書中。

我們在每個市場所買賣的契約張數都根據波動幅度 N 來加以調整，因此，任何一筆交易的每日波動狀況應該都很類似。根據波動來調整交易規模（部位大小）的觀念，已經有許多人著書加以說明，其中，最知名的就是薩普（Van Tharp）在 1998 年出版的《自由出入金融市場》（*Trade Your Way to Financial Freedom*），該書已於 2007 年再版。不過，在 1998年，這還算是相當新的觀念。當時，多數交易人根據非常鬆散

主觀的標準、或是經紀商的保證金規定來調整他們的單位契約數量，而保證金並未嚴謹地跟著市場波動來調整。

海龜優勢

我們這些海龜成員中，有許多人沒有任何交易經驗，因此，理奇和比爾花了不少時間來說明下單與交易機制。另外，有幾個人曾經交易的帳戶與理奇打算交給我們的帳戶規模相仿，因此兩人也提到不少交易老手需要留意的重要概念。交易大型帳戶本身就困難重重，因為下單數量足以推動市場，讓交易成本升高。想要將這個衝擊降至最低，就得有效管理下單。

他們教海龜要使用限價委託（limit orders）、而非市價委託（market orders）。大量的市價委託絕對會推動價格。限價委託是指你用特定價格或更好的價格買進，有時又稱為佳單（better order）。舉例來說，假設你想買黃金，而目前價格是540元，而且已經在538和542元之間上下震盪達十分鐘，則你可以下「539限價委託單」或是「539佳單」。在同樣情況下，如果你下的是市價委託單，則很有可能買在541或542的高點。把時間拉長來看，即使是細微的價格差異也會累積出不小的額度。

我們可以這麼說，海龜交易法最重要的部份，就是他們教導海龜成員，在交易時要放眼長線，而且我們有一套具有優勢的系統，這也是交易贏家和輸家在做法和觀念上、最大的差

異。

通過長時間考驗的交易方法擁有賭桌上所說的優勢。這裡所說的優勢，是指擁有對手所沒有的系統性有利條件。賭場莊家多半比顧客佔上風。有些賭博遊戲中，玩家是可以取得優勢的。二十一點算牌高手若發現桌面上已出現大量點數小的牌，就可以暫時取得優勢。這表示從剩下的牌中抽出大點數的機率很高。在這個時候，玩家就會佔莊家上風。他們擁有暫時的優勢。這是因為，莊家的總點數不得低於 16 點。如果桌面上以大點數的牌居多，這表示莊家爆掉的機率很大，因為只要總點數超過 21 點，莊家就輸了。

因此，高手會在大部分的時間裡、莊家佔上風時保守下注。他們等待偶爾玩家佔優勢的機會。這時候，他們就會大幅提高賭注，充分利用他們所佔的優勢。要實際做到這一點並不容易，因為一直押最小賭注、等到情況有利，才突然壓最大賭注，這種做法絕對會引起莊家側目、把你趕出賭場。

這也是許多成功的賭客集體行動的原因之一。可能由一人算牌，等到贏錢機會出現，就離席告訴另一人。然後由此人以新玩家身分加入，以較高的賭注開始玩。等到最後，幾個同夥再平分籌碼。這類方式之所以奏效，是因為職業賭客擁有一套具優勢的系統。

理奇和比爾教我們期望值，讓我們在虧損時，也能繼續有信心地交易下去，因為，不管使用哪一種策略，虧損是絕對避免不了的。我們所學到的系統，在當時的市場中，具有極大優

勢。期望值是將這個優勢量化的方式之一，它同時也是避免結果偏差的智識基礎。

還記得什麼是結果偏差嗎？以結果論成敗，而不管決策當時是否做了正確決定。他們明確地訓練我們避免結果偏差、忽略特定交易的個別結果、而專注於期望值。

期望值：量化我們的優勢

期望值也是出自於博弈理論，它以量化的方式回答了以下問題：「如果我一直這麼做會怎麼樣？」期望值大於零的賭局贏的機率很高；之前二十一點的例子，當玩家能夠算牌時，期望值便大於零。期望值小於零的賭局像是輪盤和擲骰子，莊家佔上風，因此長期來看，賭客一定輸。賭場老闆對於期望值瞭若指掌。他們知道，在這些莊家期望值大於零的機率遊戲當中，即使只是極小的百分比，時間拉長，也能眾多賭客身上累積出極大利潤。賭場老闆對於輸錢並不在意，因為莊家輸錢能夠鼓勵賭客繼續賭下去。對於賭場老闆來說，輸掉的錢就像是

海龜觀念

- 放眼長線
- 避免結果偏差
- 相信期望值大於零的交易成績

做生意的成本一樣，他們知道以後一定可以把這些錢連本帶利賺回來。

海龜對於虧損也是持相同看法：虧損是做生意的成本、而非交易錯誤或差勁的決策所引起。要用這種方式看待虧損，我們得先認知到，造成虧損的做法長期還是有利可圖。海龜成員相信，以大於零的期望值來交易，能創造出長線的成功。

理奇和比爾會說，某一系統的期望值是 0.2；這表示，以長線來看，你在某一筆交易上投機一元，就可獲利 20 分。他們分析某系統的歷史交易，來決定該交易系統的期望值。期望值是把每一筆交易的平均獲利、除以平均投機成本而得來。而投機成本是進場價格減去停損價格（虧損時，你設定的脫手價格）、乘以交易契約張數、再乘以每張契約大小。

以下範例說明海龜成員計算風險的方式。350 美元買入黃金期貨十口，設定停損價為 320 美元，則風險等於進場價格減去停損價格（30 美元）、乘以十張契約的部位大小、再乘以每張契約大小，也就是 100 盎司。結果得到 3,000 美元。

他們鼓勵海龜成員著重某一做法的長期效果，而不理會使用該方法交易時、一定會發生的虧損。事實上，我們學到，獲利往往緊接著虧損而來。對於海龜成員來說，無論是發揮成功潛能，或是發展持續放眼長線、謹守特定原則來交易的能力，這項訓練都有很重要的影響。

順勢投資

趨勢是價格持續變動達幾周或幾個月。順勢投資的基本概念是，價格開始上揚時買進、上揚趨勢結束時賣出。市場傾向朝三種方向移動、或者說是趨向：向上、向下或持平。海龜成員學到，市場趨勢要從持平變為向上時，就要買進，市場趨勢開始下跌時做空，每次在趨勢結束後，像是從上揚或下跌再度轉變成持平時，就要出場。

有趣的是，多年來，這個海龜的交易秘訣引起投資界廣泛討論，甚至有人索費上千美元來教授這方面的課程。事實是，我們所使用的交易原則對於我們的成功根本無足輕重。還有許多其他更為人所知的順勢操作法效果都不錯、甚至有過之而無不及。事實上，就連我們所使用的交易法在當時也已經廣為人知。

我們所使用的方法叫做突破系統（breakout），有時被稱為唐奇安通道系統（Donchian channels），因為此法由理查・唐奇安（Richard Donchian）所發揚光大。基本概念是，當市場突破之前某特定天數的高點，也就是說，市場突破之前的高點水準，此時，就要買進。理奇和比爾把以20日（或四個交易周）高低點為突破基礎的中線系統稱為系統一、60日高低點為突破基礎的長線系統稱為系統二。我們會在每日盤後分別計算出這兩種系統的可能最高點與最低點。大體而言，就是觀察歷史走勢，根據它們的視覺呈現來找出一或兩個高點。在大部

分的時候，高點維持不變，不需重新判定。每一系統都有兩種
退場。第一種是停損退場，最多不會超過 2N，也就是離進場
點兩個平均真實價格區間（ATR）的價位。這剛好也是我們帳
戶的 2%，因為我們設定的每個市場投資契約數為 N（平均價
格區間）。

海龜訓練課程內容重點如下：

1. 掌握交易優勢：找出可以產生長線收益的交易策略，因為
   它的期望值大於零。

2. 管理風險：控管風險，才能持續交易下去，否則，就算在
   期望值大於零的交易系統之下，也等不到親眼看到獲利。

3. 持之以恆：貫徹你的投資計畫，才能達成你交易系統的正
   數期望值。

4. 保持簡單：我們交易法的精髓是：搭上每一道趨勢。只要
   兩到三道趨勢就能讓你賺飽荷包，因此，錯失任一趨勢，
   可能摧毀整年獲利。這個道理很容易懂、但要做到並不容
   易。

最後這一點最重要，我向你說明後，你就會了解。當我們
開始實際交易時，交易法的細節對我來說，並不如持之以恆和
掌握每個趨勢來得重要。可是，當我們真正投注資金開始交易
時，這些簡單的概念卻很容易被人忘記。

上戰場

兩個禮拜的訓練課程結束，學員們都迫不及待想趕快投入戰場。新年假期後，我們回到芝加哥，每個人都分配到一張位於保險交易大樓八樓的辦公桌，該建築就緊鄰傑克森大道上的期貨交易所。

我們的辦公桌兩兩並排、共有六排，每排以隔板隔開。我們可以自行選擇辦公桌，這表示，我們可以選擇要和誰一起坐在同一排。每張桌上都有一台專線電話。

每位海龜成員每周都會拿到一張表格，列出交易帳戶中、在各個市場每一百萬美元的合約張數。不過，為簡化交易過程，他們要我們使用固定的單位大小，也就是每個市場三張合約。我們所交易的每一項商品、所持有部位不得超過四個單位、也就是 12 張合約。因此，每個帳戶規模大約介於五萬美元到十萬美元之間。

我們對於手上的帳戶能夠全權做主，而且，只要能說明每個交易的原因、並遵守我們系統的大原則，就能夠進行任何想要進行的交易。我的買進理由多半如下：「等到價格漲至 400 美元，便進場做多，因為根據系統二，該價位是 60 日高點突破。」

幾天後，我看到紐約二月熱燃油從 0.8 美元漲到 0.84 美元，於是，我依循我們的交易系統，買進三張合約。這筆交易馬上就獲利，才幾天的時間，我就已經買到 12 張的上限。接

下來的幾天，我們的「交易室」充斥著此起彼落的下單聲、以及因短期獲利而創造出的愉悅氣氛：在不到一個禮拜的時間，熱燃油就已漲到 0.98 美元。

當時還無法從個人電腦上印出走勢圖。我們參考的是《商品展望》（*Commodities Perspective*），這份小報大小的刊物，刊登當月交易最活絡的期貨契約走勢圖。由於這些走勢圖每周才更新一次，我們需要自己用鉛筆標上每日收盤價。

二月熱燃油期約只剩兩個禮拜就到期，《商品展望》也不再刊登它的走勢圖，我們的投資法面臨挑戰。問題是，我們必須使用舊圖，舊圖的高點只到 0.90 美元，而去年的高點也只有 0.89 美元。這表示，價格真的是已經掉到曲線以外。為處理這個問題，我從前一周的圖表上，剪下一段沒有任何價格的部份，貼到我這份舊圖的上方。圖表更新後，價格超越舊圖約 12 吋的高度。

在這個過程中，有件事讓我感到非常奇怪，事實上，我現在還是猜不透。我是唯一一位在熱燃油上持有滿水位的海龜成員。其他成員基於某些無法理解的原因，決定不遵循理奇和比爾教導我們的系統。

我不知道他們是因為害怕才開始就太快虧損、還是二月熱燃油期貨契約再幾周內就要到期的關係、抑或是純粹想採取保守的交易方式，但我實在想不通，為什麼每個人接受相同的訓練課程，但又不把二月熱燃油買到滿倉（loaded）。（滿倉一詞是我們用來表示持有最高的四個單位部位。）

我們一再被告誡，千萬不要錯失任一趨勢，不過幾個禮拜的時間，就有許多海龜錯失這個大好機會。如果當時我們已正式用一百萬美元的帳戶來交易，則一個單位就有 18 張契約、而不是三張，這表示，光是這筆交易，我就能有 50 萬美元的進帳，報酬率達 50%。

我留意到我是唯一在熱燃油期貨上滿倉的人，沒幾天，價格出現劇烈變化，從 0.98 美元跌到 0.94 美元，每張契約縮水 1,200 美元。價格連續下滑兩天後，我發現另一件有趣的事情。

理奇和比爾在訓練課程上說得很清楚，小跌時要守住，損失一點帳面獲利沒有關係。因此，我便這麼做：價格下跌時，我留住手上 12 張契約。才幾天的時間，我眼睜睜地看著我的獲利從五萬美元掉到三萬五千美元。看到獲利憑空蒸發，有幾位持有不少部位的海龜成員紛紛平倉了結。

然後，市場甦醒。隔天價格開始上漲。很快就突破之前 0.98 美元的高點，持續漲破 1.05 美元。就在契約到期的前一兩天，價格到達最高點。

理奇辦公室的戴爾打電話給我，告訴我理奇不想交割熱燃油，於是，我在 1.03 美元時，就把手中 12 張契約全數平倉，這個價格已經很接近二月份契約 1.053 美元的最高點。我們多半不會因為期貨到期就出場，而只是進行換月的動作，賣出到期月份、買進下個月份的新部位，把手上部位轉為下一個流動契約。這筆交易的情況比較不一樣；趨勢只發生於 1984 年 2

月的契約，因此沒有理由繼續持有下去。這也表示，若想搭上
這道趨勢，我就得留住二月契約。

圖表 3-1 顯示二月熱燃油價格走勢，以及海龜們遇到的第
一波大漲勢的進場和出場價。

這筆交易結算後，我的帳戶多了 7 萬 8 千美元。我因為貫
徹我們所學到的方法，因而比別的海龜成員多賺了三倍。有幾
個人持有規模合理的部位，卻都在前一波跌時出場，錯失了一
半獲利。至於那些完全沒有碰這筆交易的成員，則分文無獲。

┃圖表 3-1　海龜的第一波大漲勢

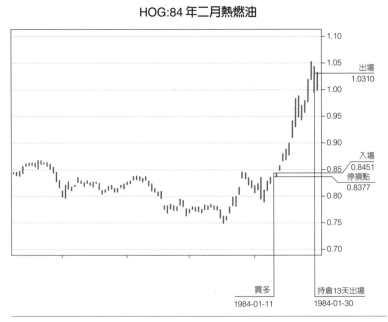

我們的獲利之所以不同，與每個人的知識無關，完全是情緒和心理因素所影響。我覺得很不可思議。我們學到的是一樣的東西，可是，我一月份的獲利卻是其他同期學員的三倍以上。這些都是聰明過人的菁英，又由當時最偉大的交易專家親自授課。其中不少人幾年後將躋身全球最成功的交易人之林，可是卻在實習交易期間未能貫徹計畫。

多年來，我不斷見證情緒和心理力量是成功交易的最重要因素。這是我第一次發現這樣的觀念，也是第一次親眼看見它起作用。

第一份成績單

我們開始交易的第一個月，理奇和比爾每一周或隔周會來看我們一次。第一個月結束後，他們現身，與大家熱烈問答。理奇問海龜們為什麼沒有加碼熱燃油。有些人回答，他們認為這筆交易風險太大，因為價格上揚過快；有些人則以為漲勢不會持續，因為該契約交易只剩下幾天的時間。

我的看法不同。當時，我認為理奇會觀察我們是否能夠將所學付諸行動、藉此評估我們的表現，因此我的交易策略就是根據這份信念。我還認為，他寧願我們確切執行他的方法而虧損、也不要我們為了避免虧損而放棄某些應該執行的交易。

在我看來，風險最大的事情、並非交易熱燃油。在問答時，理奇向大家明白表示，這筆交易是正確的一步棋。這件事

給我們上了非常寶貴的一課。訓練課程結束不到一個月，我們便實際見證到不要錯失任一趨勢的重要性，而且，得到的深刻教訓，讓我們一輩子都不會忘記。

理奇之前告訴過我們，在一個月之後，他會給每個人一個一百萬美元的帳戶來交易。他也說過，在此之前，我們不會獲得全額帳戶，不過，若表現良好，也有機會交易更高額的帳戶。我們班上有不少學員真的獲得一百萬元的交易帳戶，因為理奇相信他們的執行能力。還有人連續好幾個月都還交易著我們一月份實習交易的帳戶規模。

理奇給我兩百萬美元的交易帳戶，這讓我驚喜不已。他顯然賞識我操作熱燃油的方式。

第四章

用海龜方式思考

好交易非關正確看法、而是正確交易。若想成
功,則需要放眼長線,不理會個別交易結果。

　　許多交易員和投資人目睹海龜的成功之後，斷言理查‧丹尼斯贏了和比爾‧艾克哈特的打賭。我不這麼認為。我認為兩人的打賭是平手。

　　有件事是人們所不知道的，有三分之一到二分之一的海龜成員，交易成績遠不如獲利最高的海龜，甚至有些人一點都不成功。多數海龜在第一個月學到教訓後、痛定思痛，幾個月後成為交易贏家，可是，還是有人因為虧損連連而中途離開。最佳績效與最糟績效的海龜，最大的差別，在於個人心理特質。雖然對多數人而言，交易技巧可透過學習而獲得，但有些人就是比別人更容易吸收海龜方式、有些人比別人更適合學習海龜方式。

　　要了解交易贏家有個重要面向，就是要先了解他的情緒如何影響交易。如果你天生具備適當特質，在學習成功交易法的時候，很容易駕輕就熟。這是你的首要任務。適當的特質有哪些呢？

誰對誰錯並不重要

　　交易贏家只思考現在，盡量不多想未來。新手想要預測他們交易的未來走勢，一旦成功獲利，就會認為自己的看法正確，並把自己捧為英雄；若失敗虧損，就把自己貶為殘渣。這是錯誤的做法。

　　海龜不在乎自己是錯還是對。他們只在乎賺錢。海龜不會

假裝預測未來。他們從來不會在觀察市場後，說：「黃金會上漲。」在他們眼中，未來的細節不可知、但未來的特性是可以觀察出來的。換言之，沒有人知道市場會上漲還是下跌、趨勢現在就會停止或再持續兩個月。但我們卻能知道，趨勢一定會出現，而且價格變動的特性絕不會改變，因為人類的情緒和認知也是永遠不變的。

結果證明，你的看法錯誤時，反而比較容易獲利。如果你的交易以虧損居多，這表示你並未企圖預測未來。因此，你不再理會某一筆交易的結果，因為你認為那筆交易終究會虧損。當你預期一筆交易會虧損時，你便了解，任一筆交易的結果並不能代表你的知識。簡單的說，想要獲利，你就要解放自己、解放你對結果偏差的想法。如果你連續十筆交易都虧損、還繼續堅守你的計畫，則你的交易便做得很成功；你只是暫時運氣不好而已。

忘卻過去

諷刺的是，多數交易人對未來想得太多、對過去又流連忘返。他們擔心做過的事、犯下的錯、以及過往虧損的交易。

海龜以過往為師、但從不擔心過去。他們不會為了已犯下的錯誤而自責，也不會因為虧損的交易而怪罪自己；他們知道這都是遊戲的一部分。

海龜綜觀過去、但不特別強調最近發生的事件。新近發生

的事並不會比以前發生的事來得重要；這只是一種錯覺。海龜避免近期偏差。他們知道，市場上有多數的交易人都有這種傾向，因此市場也反映出相同的偏差。避免近期偏差的能力是成功交易的重要因素。

海龜計畫結束後，我曾親眼目睹近期偏差所造成的嚴重後果。計畫結束之後，每位海龜依照保密條約的規定，等到六年之後才能向外透露我們的交易秘訣。我有不少好朋友都很想學習這些方法，因為他們知道這套系統讓我非常受用。

西元 1998 年，我把這套系統傳授給我的一位朋友，並且特別強調，持之以恆是成功關鍵。我告訴他，他必須對所有交易一視同仁、確實執行，否則難以成功。那麼，他的交易成績如何呢？他成了近期偏差的受害者。

大約是 1999 年 2 月的時候，我注意到可可豆價格出現大幅下跌趨勢，因此，我問這位友人，他的可可豆期貨交易績效如何。他告訴我，他並沒有交易可可豆，因為他之前在可可豆賠了很多錢，因此認為這筆交易風險過高。從表格 4-1 可看出，如果能在 1998 年 4 月可可豆價格突破後進場，並一直等到接下來的大趨勢出現，會有什麼樣的成績。請注意，在 1998 年 11 月可觀的獲利交易出現之前，曾連續出現 17 個虧損交易。

這是交易時會遇到的典型狀況。如果你把焦點鎖定在某一市場的某一時點，則賺錢的希望會顯得非常渺茫。你可能會花好幾年的時間，才會在幾個市場中找到一道有利可圖的趨勢。如果你過於著重近期，就很容易認為某些市場碰不得。

表格 4-1　1998 年可可豆突破交易

編號	單位數	進場時間	部位	價格	口數	出場價	百分比	獲利（美元）	總計
1	1	27 Apr	L	2,249	6	2,234	(2.4)	$ (1,197)	
2	1	6 May	L	2,261	6	2,246	(2.1)	$ (1,026)	
3	1	12 May	L	2,276	6	2,261	(2.2)	$ (1,036)	
4	1	14 May	L	2,283	6	2,268	(2.4)	$ (1,133)	
5	1	23 Jun	S	2,100	6	2,114	(2.3)	$ (1,061)	
6	1	25 Jun	S	2,094	6	2,108	(2.4)	$ (1,053)	
7	1	29 Jun	S	2,085	6	2,099	(3.0)	$ (1,317)	
8	1	15 Jul	S	2,070	6	2,084	(2.5)	$ (1,066)	
9	1	27 Jul	S	2,069	5	2,083	(1.9)	$ (777)	
10	1	3 Aug	S	2,050	6	2,064	(2.7)	$ (1,104)	
11	1	13 Aug	S	2,036	6	2,049	(2.2)	$ (848)	
12	1	17 Aug	S	2,024	6	2,036	(3.0)	$ (1,155)	
13	1	24 Aug	S	2,024	6	2,035	(2.4)	$ (874)	
14	1	16 Sep	S	2,014	5	2,026	(2.1)	$ (756)	
15	1	1 Oct	S	1,979	5	1,992	(2.4)	$ (845)	
16	1	13 Oct	S	1,976	5	1,988	(2.2)	$ (779)	
17	1	28 Oct	S	1,967	5	1,979	(2.1)	$ (722)	$ (16,750)
18	1	6 Nov	S	1,961	5	1,438	75.0	$24,940	
19	2	20 Nov	S	1,918	6	1,928	(2.4)	$ (799)	
20	2	24 Nov	S	1,903	6	1,914	(3.0)	$ (975)	
21	2	30 Nov	S	1,892	5	1,903	(2.7)	$ (834)	
22	2	8 Dec	S	1,873	5	1,438	67.2	$20,575	
23	3	21 Dec	S	1,824	5	1,836	(3.5)	$ (1,075)	
24	3	4 Jan	S	1,808	5	1,820	(2.4)	$ (709)	
25	3	15 Jan	S	1,798	4	1,438	46.7	$13,468	
26	4	25 Jan	S	1,748	4	1,760	(2.1)	$ (608)	
27	4	27 Jan	S	1,742	4	1,754	(2.1)	$ (605)	
28	4	8 Feb	S	1,738	7	1,438	42.8	$19,275	$55,903

我這位朋友絕不是特例。多數交易人都會為新近市場表現所苦。有幾位海龜在計畫期間嚴重受到近期偏差的影響，因而完全無法成功交易，最後只得中途退出。諷刺的是，正當其他人都想放棄的時候，趨勢就會出現，而且往往非常容易掌握、也非常有利可圖。稍後在第十三章討論到投資組合與市場分析時，我們會進一步探討這個現象。

避免未來式

稍早我已向各位證明認知偏差是如何折磨有潛力的交易人。近期偏差、強烈需要感受自己是對的、以及想要預測未來等三種心理，絕對是交易人必須避免的。

要克服第三種心理，你需要從或然率和機率的角度來思考未來，而不是從預測的角度。我的朋友圈知道我在海龜計畫中的功績後，他們常常問我某一市場應該做多還是做空。每個人都以為，我是知名交易團隊的一員、又在期貨上賺了好幾百萬，一定是因為我會預測未來。我的制式答案總是讓他們驚訝：「我不知道。」事實是，我是真的不知道。當然，我可以瞎掰，但我對於自己預測市場的能力一點都沒有把握。事實上，我故意不試著去預測市場未來走勢。

不幸的是，除非你剛好在保險公司上班，否則一般人不會從機率來看待未來。人們會思考可能性、但絕不是機率。正因如此，保險公司才為不確定的風險投保。如果你住在熱帶海

岸，則你的房屋受到颱風的影響、就會有一定程度的機率。颱風強到損壞房屋的機率又會再低一點。而你的房屋被完全摧毀的機率又更低了。

如果你知道你的房子百分之百會被颱風損壞，則你不會買保險；你會搬家。還好，這種事發生的機率不但低於百分之百，而且還低非常多，讓你決定留下，並為你的房屋保險。

提供颱風保險的公司在訂定賠償細則時，對於你的住屋所在地可能發生各種災害的程度相當了解。保險公司是這樣賺錢的：他們銷售保險，用低於可能償付成本的保費吸引客戶。

交易就像是為不確定的風險投保一樣。交易充滿不確定性。你不知道某筆交易能否賺錢。你所能做的，就是確定長期的報酬能夠大於風險。

思考機率

許多人在高中或大學修過機率和統計課程。你一定看過像4-1這樣的圖表。

圖表 4-1 顯示的是所謂的常態分配（normal distribution）。本圖顯示的是女性身高分布狀況。橫軸是以英吋為單位的身高，縱軸顯示機率的兩個層面:

1. **機率密度圖**：是指左邊圖形灰色的區域，它顯示出現某一身高的可能性。在本圖中，女性平均身高為五呎四吋。女

圖表 4-1　女性身高常態分配圖

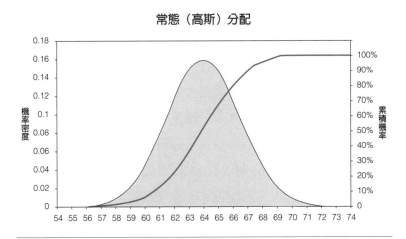

常態（高斯）分配

Copyright 2006 Trading Blox, LLC. 版權所有

性身高接近平均的機率要大於遠離平均的機率。圖型中間的較高點顯示最可能機率、兩邊的較低點則顯示可能性較低的機率。例如，70 吋在曲線上的位置、要比 68 吋的位置低很多，顯示女性身高為五呎十吋的機率、要比五呎八吋的機率來得低。

2. **累積機率曲線**：是指圖中右方、從 0% 到 100% 的那條實線。它顯示女性高於某一高度的累積機率。例如，請看這條曲線，你可以看到，大約 70 吋附近時，累積機率已接近百分之百，實際數值是 99.18，這表示不到 1% 的女性身高達五呎十吋以上。

這類圖表雖然使用複雜的數學公式，但都顯示一個簡單的

觀念,那就是:女性身高離中央的平均身高越遠的、出現機率就越小。

可是,預測機率為什麼要弄得那麼複雜呢?即便不懂數學和公式,也能利用簡單方法繪出 4-1 這類圖表:首先,到一個能夠找到許多女性的地方,像是大學校園。接下來,隨機找出 100 位女性,測量她們的身高。最後,以一吋為間隔,算出身高為各個整數數字的各有多少人。你很可能會得到以下結果:64 吋有 16 人、63 與 65 吋各有 15 人、62 與 66 吋各有 12 人、61 與 67 吋各有八人、60 與 68 吋各有四人、59 與 69 吋各有兩人、而 58 與 70 吋則各一人。

若將上述結果畫成長條圖,則得到圖表 4-2。

圖表 4-2　女性身高直方圖

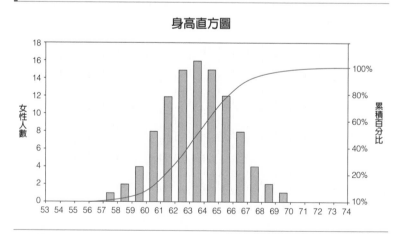

4-2 這類圖表稱為直方圖（histogram）。它顯示出某一測量結果和鄰近測量結果的相對關係（本例測量的是女性身高）。 4-2 的形狀和 4-1 的常態分配圖相仿，但卻不需要複雜的數學公式就可繪製出來。你所做的只是計算和分類。

你也可以利用你的交易系統，畫出這樣的直方圖，讓你對未來有所概念；它讓你從機率的角度來思考未來、而不是直接預測未來。圖表 4-3 是海龜系統簡化版、也就是唐奇安趨勢系統的 20 年模擬月報酬率圖表。這份圖表除了比較簡單以外，也比海龜系統原版的績效更佳。

圖表 4-3 的直方圖被分為兩部份。第一個長條顯示正數報酬率介於 0% 到 2% 的月數，下一個長條顯示正數報酬率介於 2% 到 4% 的月數，以此類推。請注意，這個直方圖的外型和之前討論的身高常態分配的圖形非常類似。兩者最大的不同，是此圖向右延伸。延伸的部份為獲利的月份，有時又被稱為偏態（skew）或胖尾（fat tails）。

圖表 4-4 是交易本身的分布狀況。 4-4 顯示每一筆交易的分布情形。左邊的部份是虧損交易、右邊的部份是獲利交易。請留意，每部分的單位刻度有兩種，分別是左右外側的數字、和中央的百分比。累積曲線各自從中央的 0% 向 100% 延伸出去。

位於左右兩邊外側的數字顯示交易筆數、並以 20% 為區分單位。例如，在測試期的這 22 年以來，程度為 100% 的虧損交易共有 3,746 筆，對應到右邊， 100% 的獲利交易有 1,854 筆。

■ 圖表 4-3　月報酬分布圖

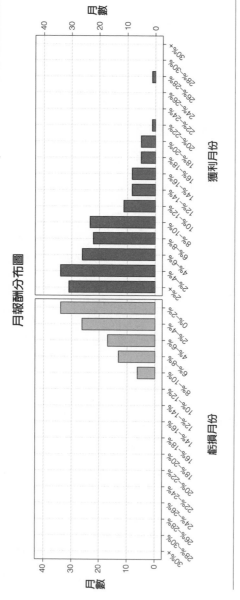

月報酬分布圖

　　將所有交易的獲利金額除以交易風險、區分為一個個長條。這個概念叫做R-複相關數（R-multiple），是由擔任交易人的查克‧布蘭斯科姆（Chuck Branscomb）為了便於比較各系統與各市場的交易而發明。（R-複相關數因為薩普的《自由出入金融市場》一書而廣為人知。）

　　舉個範例讓你更了解這套系統。如果你以450美元買進一口八月到期的黃金期貨、並將停損點設在440美元，則你的風險數等於：450美元減去440美元，再乘與契約規模100盎斯，就得到1,000美元的風險數。如果該筆交易獲利5,000美元，就叫做5R，因為5,000美元的獲利是風險數（1,000美元）的五倍。圖表4-4中，獲利交易以1R的間距來粗分，而虧損交易以1/2的較小間距來區分。

　　圖中的虧損交易筆數遠多於獲利交易筆數，這似乎很奇怪。其實，這在順勢系統中其實是很常見的情況。不過，雖然虧損交易筆數很多，該系統卻能將多數的虧損維持在可接受的1R之內。相反的，獲利交易要比基本風險多了好幾倍，比進場風險多十倍以上的交易、總共有43筆。

　　這個道理如何協助人們用海龜方式來思考呢？

　　身為海龜，我們從來就不知道哪一筆交易最後會獲利、哪一筆會虧損。我們只知道可能會遇到的可能結果分佈圖形：那就是和上述幾個圖表極為類似的分布狀況。我們認為，每一筆交易可能會獲利、但更有可能會虧損。我們也知道，有些是4R到5R的中度獲利，有些則可能是12R、甚至20R或30R

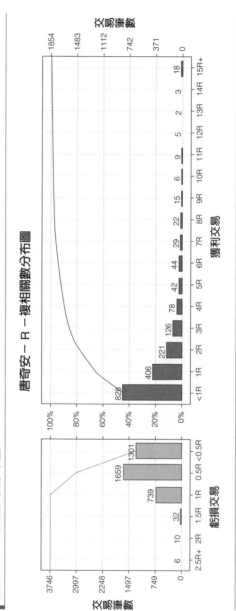

圖表 4-4　交易結果分布圖

以海龜方式思考注意事項

1. **交易現在**：不要緬懷過去或企圖預測未來。前者會產生不良後果、後者則是不可能的任務。
2. **思考機率、不要預測**：把重心放在能創造出長線成功的正數機率的方法上，不要企圖預測市場。
3. **自己的交易自己負責**：不要把你的錯誤和失敗歸咎他人、市場、你的經紀商等等。為自己的錯誤負起責任，並且學到教訓。

的高度獲利。不過，到了最後，海龜知道獲利金額絕對足以彌補虧損交易的損失，而且還會有盈餘。

因此，我們在交易時，絕不會從某一筆交易結果來衡量個人財富，因為我們知道虧損交易的機率很高。我們會從機率來思考，就算面對高度風險和不確定性的時候，也能自信滿滿地做出決策。

挑喜歡的做

有些海龜成員遲遲不願接受這個觀念；他們覺得自己非得預測市場、用正確方式來操作不可。因此，即使有第一個月的熱燃油交易案例擺在眼前，他們還是未能貫徹所學到的交易方法。我記得其中有一位學員堅稱、理奇偷偷把其他人不知道的交易秘訣傳授給我們幾個人。這個想法簡直荒唐。理奇為什麼

要保留一手，然後把自己的錢交給他們來虧損、更何況又讓自己輸掉賭注呢？

沒有什麼隱藏的秘密。事實是，我所用的交易方法，其實要比其他海龜所用的方法還要簡單。我把我全部的資金分配在長線十周突破系統上。這意謂者我的交易頻率較低、而且也比較不需要隨時監看市場。我絕對沒有做出什麼不尋常之舉、更沒有獲知內線資訊。

藉口、藉口

幾位偏執的海龜編造出理奇刻意對一些人隱瞞秘密的藉口、輕易將自己的失敗歸咎於原因。這在交易和人生上，都是個常見的問題。許多人把自己的失敗歸咎他人、或其他不可抗拒的外在因素。他們失敗後、責怪所有人，就是不責怪自己。無法為自己的行為和後果負責，這可能是導致失敗的最重要因素。

交易是打破這個壞習慣的極佳方式。到頭來，只有你和市場對決。你不能躲避市場。如果你交易得好，長期來看，你就會見到好結果。如果你交易得不好，則長期就會虧損。儘管你的個人行為和交易結果是如此明顯又不可避免的緊緊相連，但還是有人會怪罪市場。他們不但不責怪自己的交易錯誤，還杜撰出「專家」或其他神秘交易團體密謀偷走他們資金的情節。

的確，有許多交易人企圖奪走你的資金，可是，有些人把

自己的失敗歸咎市場、經紀商或其他市場參與者，他們所想像出來的集體共謀或詐欺，我倒是看不出任何蛛絲馬跡。

重點是，你自己交易、就該對結果負責。不要責怪別人提供錯誤建議或保留一手。如果你搞砸了、做出蠢事，不要假裝自己無辜，要從錯誤中學習。然後，思考避免重蹈覆轍的方法。

把自己的錯誤歸咎他人絕對讓你得不償失。

第五章

掌握交易優勢

專家與業餘者最大的不同，就是專家掌握交易優
勢。忽略這一點，你將被生吞活吃。

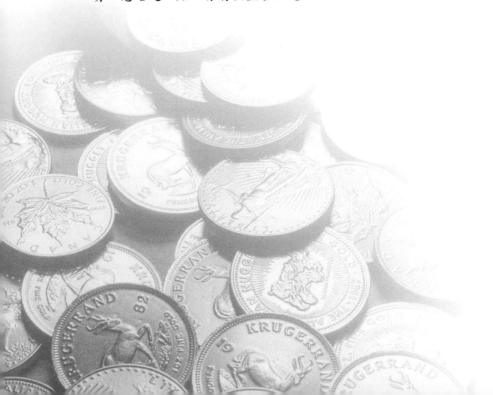

交易是在某一價格買進、然後在更高價格賣出，或者在某一價格賣出放空、然後在稍後買進出場。多數新手在決定進場時機的時候，所使用的策略就跟盲目在線圖上扔飛鏢差不多。交易老手會說，這樣的策略沒有優勢。優勢一詞來自於博弈理論，是指賭場莊家在統計上所擁有的有利條件，同時也指玩二十一點時、會算牌的人佔上風的情況。在機率遊戲中，若沒有掌握優勢，長線就會賠錢。

交易也是如此。如果你沒有優勢，交易的成本會讓你虧損。佣金、預期的交易成本與實際支付的交易成本的差額（slippage）、電腦成本及手續費等等快速累計。交易優勢是根據未來極可能重複發生的市場行為、所找出的統計優勢。在交易上，最佳優勢來自於各種認知偏差所引起的市場行為。

優勢要素

要找出優勢，你必須找出市場在某一時間範圍內、朝特定方向發展的機率大於正常機率，並設定進場點。然後，每一個進入點都有一個出場策略，以便從市場移動中獲利。簡單來說，若想讓你的優勢極大化，則每個進場策略一定要搭配出場策略。如此一來，順勢操作的進場策略就可以搭配各種不同的順勢出場策略、逆勢操作的進場策略則可搭配各種逆勢操作的出場策略、波段交易進場則可搭配波段交易出場、以此類推。

為讓讀者了解這麼做的重要性，讓我們進一步探討組成每

個系統優勢的要素。系統優勢來自以下三大要素：

- **投資組合選擇**：選擇任一日哪些市場適合交易的規則系統。
- **進場信號**：決定何時進入某一交易買進或賣出的規則系統。
- **出場信號**：決定何時出脫某一交易買進或賣出的規則系統。

有時候，某一進場信號擁有短線優勢、但不具中長線優勢。相反地，出場信號也可能會具長線優勢、但不具短線優勢的情況。幾個具體範例能幫助說明這個效果。

優勢比（edge ratio, e-ratio）

檢視進場信號時，要留意的是該信號顯示的市場行為所產生的價格變動。要了解這個變動，不妨把價格變動拆成兩個部份：好的部分與壞的部份。

好的價格變動朝交易的方向移動。換言之，當你做多時，市場上揚就是好的變動、下跌就是壞的變動。當你做空時，市場下跌是好的變動、上揚則是壞的變動。假設買進後價格下跌、朝壞的方向走；然後又上漲，並且超越該筆交易的進場價格；之後又小跌、再上漲、又下跌，如圖5-1所示。

交易人把朝壞方向的最大變動稱為最大虧損幅度

圖表 5-1　好價格變動 vs 壞價格變動

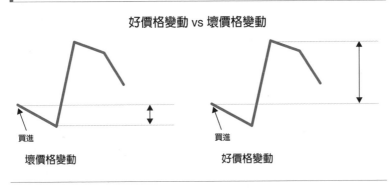

（maximum adverse excursion, MAE），朝好方向的最大變動則
稱為最大獲利幅度（maximum favorable excursion, MFE）。圖
表中，雙箭頭兩端畫出的兩道線顯示價格變動的 MAE 和 MFE
幅度大小。圖表 5-1 顯示，MFE（好的價格變動）要比 MAE
（壞的價格變動）高出許多。

　　你可以利用這些測量值來直接測量某一進場信號的優勢。
如果某一進場信號所引出的走勢、是平均最大獲利變動要高於
平均最大虧損變動（也就是說，平均 MFE 高於平均 MAE），
則顯示正數優勢的存在。如果平均 MAE（虧損幅度）高於平
均 MFE（獲利幅度），則顯示負數優勢的存在。一般會認為，
如果是真正隨機進場，則出現好價格變動的機率和出現壞價格
變動的機率應該是一樣的。就像是擲銅板看是正面還是反面來
決定是否購買一樣。一般會認為用這種方式來進場後，價格變
動的 MFE 和 MAE 是相等的。

若要把這種對於進場優勢的想法轉換成測量進場信號優勢的具體方法，則必須再多加幾個步驟。首先，你需要一個能夠等同看待各個市場價格變動的方法。其次，你需要一個能夠找出計算平均 MFE 和平均 MAE 時間範圍的方式。為讓各市場的 MFE 和 MAE 的數據標準化、以便有意義地比較各個平均數，你可以使用海龜用來讓各個市場交易規模標準化的機制，那就是：使用平均真實價格區間（ATR）來讓所有平均數等同化。

要在各個市場中找出進場行為，不妨比較某一進場信號在不同的時間範圍中的價格表現。我通常會先觀察某固定天數，然後計算出每個信號產生後、該固定天數的 MEF 和 MAE。我曾率交易元件集團（Trading Blox）的研發中心創造極為複雜的系統測試環境，當時，我們曾使用一個進場優勢測量方式，我們將它稱為優勢比（E-ratio）。

E-ratio 使用以下公式，結合上述所有要素：

1. 計算出特定時間範圍內的 MFE 和 MAE。
2. 將它們分別除以進場時的 ATR，以調整波動性、並讓各個市場數據標準化。
3. 分別將這些數值加總，然後再除以信號總數量，得到波動性調整後的 MFE 和 MAE。
4. 將平均波動性調整後的 MFE 除以平均波動性調整後的 MAE，就得到 E-ratio。

為顯示出時間範圍，我們在 E-ratio 一詞中加註記算 MFE

和 MAE 的天數。例如，E10-raio 算入包括進場當日在內、十天的 MFE 和 MAE ； E50-ratio 使用 50 天的時間範圍，以此類推。

我們可以使用 E-ratio 來計算出某一進場是否具有優勢。舉例來說，你可以用它來測試某個隨機進場是否有任何優勢。為便於說明，我使用類似擲銅板的方式，用電腦隨機找出一個多頭進場或空頭進場，然後測試過去十年的 E-ratio。30 次的測試平均得到 E5-ratio 為 1.01、E10-ratio 為 1.005、E50-ratio 為 0.997。這些數字和我們所預期的 1.0 非常接近，如果做更多次的測試，則數進會越來越接近 1.0。這是因為，在任何一個合理的時間範圍內，價格往獲利或虧損發展的機率是差不多的。

你還可以用 E-ratio 來測驗唐奇安趨勢系統的要素。該系統的進場兩大要素分別是唐奇安通道突破、以及趨勢投資組合濾器法則（trend portfolio filter）。根據唐奇安通道突破系統，當價格超過 20 日高點時就應買進、當價格低於前 20 日最低點時就應放空。趨勢投資組合篩選是指，當 50 日移動均線高於 300 日移動均線時，只能做多；而當 50 日移動均線低於 300 日移動均線時，只能做空。這個投資組合篩選的作用之一，就是刪除無法用該系統來獲利的市場。

讓我來說明如何使用 E-ratio 來檢視唐奇安趨勢系統的交易進場法則。以下測試使用 1996 年 1 月 1 日到 2006 年 6 月 1 日期間、美國期貨市場中、交易量最大的 28 個市場來進行。

我們樣本顯示 E5-ratio 是 0.99、E10-ratio 是 1.0。「等一

下，」你可能會說。「我以為某筆進場有正數優勢時，E-ratio 會大於 1。」是沒錯。不過，別忘了，我們需要考量唐奇安通道突破系統是個中期的順勢操作系統，因此，進場須具有中期優勢、而非短期優勢。我們可以這麼說，某個交易進場只需要在該系統所使用的時間範圍內具有優勢就可以了。

我們的交易進場 E70-ratio 是 1.20，這表示，在進場信號出現後 70 天回頭來看，在突破 20 日線後進場的交易、價格朝獲利方向進展要比朝虧損方向進展多了 20%。

圖表 5-2 顯示從不同天數來看，價格突破 20 日均線的 E-ratio 變化。剛開始，E-ratio 低於零，這表示從極短線來看，突破後進場的交易虧損機率要大於獲利機率。這也是突破交易有難以克服的心理障礙的原因之一。這同時也是逆勢操作能夠賺錢的原因之一，他們就是賭價格突破後走勢一時無法持續，會在支撐或壓力處短暫反彈。從極短線來看，這類策略具有正數優勢。

後來，優勢比開始穩步爬升，可是仍然是在 1.0 以上波動，這顯示正數優勢的存在，可是很難精確地加以量化。

趨勢投資組合濾器法則優勢

投資組合篩選標準如何影響唐奇安通道系統的優勢呢？可從兩種方式來看。第一，你可以看看投資組合篩選對於完全隨機進場的優勢有什麼樣的影響，然後和不用任何投資組合篩選

圖表 5-2 依天數產生的優勢比變化

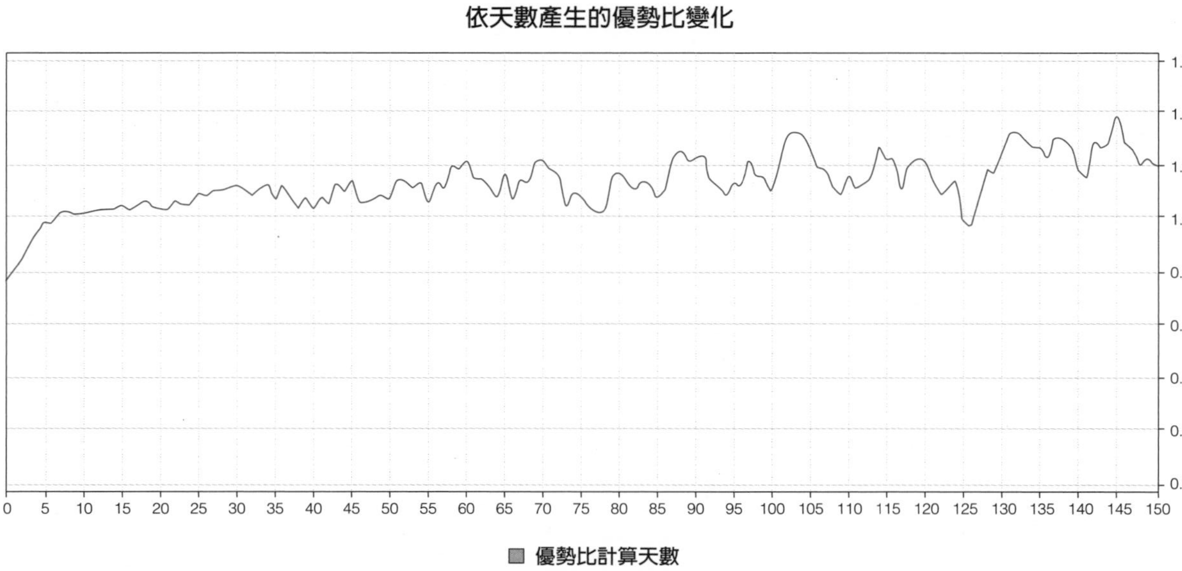

依天數產生的優勢比變化

■ 優勢比計算天數

的隨機進場優勢基線 1.0 來比較。第二，你可以將濾器法則與
我們的進場信號加以結合，看看投資組合趨勢濾器對我們的突
破信號優勢比有何影響。

用趨勢投資組合濾器來測試七萬筆隨機進場，結果顯示
E70-ratio 為 1.27。這甚至要比進場信號本身的 E70-ratio 還要
高。很明顯的，投資組合篩選法則能夠增加本系統的優勢。

使用趨勢投資組合濾器法則能大幅提升突破交易後、市場
繼續朝趨勢進展的可能性。我們所使用的範例，其 E70-ratio
就從 1.20 提高到 1.33。還有，結合趨勢濾器和突破系統，能
夠改變原來的趨勢比圖形，讓走勢更為平穩（請見圖表 5-3）。

請看圖表 5-3，加入趨勢投資組合濾器法則後，圖形平穩
得多，而且優勢比也攀升到更高水準。該圖顯示，20 天的優
勢比（E120-ratio）約為 1.6。

之所以如此，是因為和長期趨勢相左的突破交易已被刪
除。之所以出現許多和開倉部位走勢相反的巨大逆轉，都是源
自於這些被刪除的交易，因為與趨勢相反的突破不大可能會持
續下去。這類突破也顯示市場處於不利於唐奇安趨勢系統的狀
態。

出場優勢

如果可能，連出場信號都應該具備優勢。不幸的，要計算
出場優勢困難多了。這是因為出場得同時參考進場信號和出場

圖表 5-3　將趨勢濾器法則列入考量的優勢比

依天數產生的優勢比變化

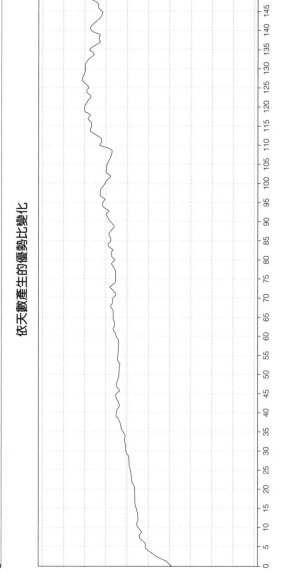

■ 優勢比計算天數

Copyright 2006 Trading Blox, LLC. 版權所有

信號條件。換言之,你不能只考慮出場、而忽略當初進場的狀況。系統的各個要素互動複雜,無法獨立看待。

由於這是個非常複雜的系統,你比較不會去關心出場優勢、而較重視它對於系統本身測量標準的影響。因此,最好權衡某一出場對於那些測量法的影響、而不只是光留意出場後的狀況。此外,當你想要進入某市場時,你關心的是進場後的狀況,因為,這個時候,你的資金投注在市場中。交易人只有在把錢投入市場後,才能開始賺錢。

出場就不一樣了。出場後所發生的事,絲毫不影響你的投資結果;只有出場前所發生的事才會有影響。因此,你應該從出場對於整個系統績效的影響來評斷出場動作。

第六章

喪失優勢

優勢只出現在買賣雙方的戰場上。身為交易人的你,要找出這些地方,看看誰輸誰贏。

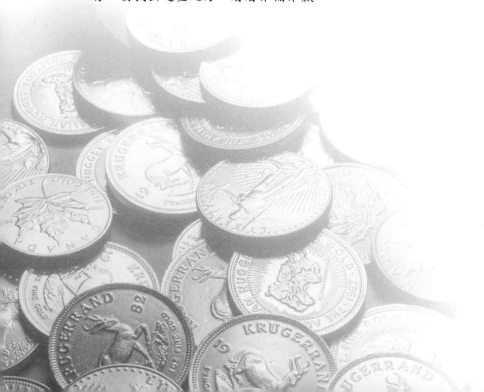

交易優勢之所以存在，是因為市場看法以及由認知偏差產生的現實百家爭鳴。它們之所以存在，是因為經濟學者錯以為市場參與者都是理性的動物。市場參與者一點都不理性。第二章討論過，認知偏差在理論上如何提供交易契機。本章會利用實際價格數據，進一步探究這個觀念。

支撐和壓力

支撐和壓力的觀念對於各種交易都非常重要。支撐和壓力就是價格不會超過之前水準的傾向。從線圖可輕易了解這個觀念（見圖表 6-1）。

支撐和壓力由市場行為所組成，而市場行為起因於三大認知偏差：定錨效應、近期偏差和處分效應。

定錨效應是指太過倚重既得資訊來觀察價格。在計算或比較價格時，最近新高或新低成為錨點。受到這種效應的影響，人們會認為新價格一定比這些錨點更高或更低。近期高低點之所以成為標的，是因為它們在線圖上的位置非常明顯，因此，在市場參與者的心中具有較高的重要性。

在圖表 6-1 中標有支撐 1 部分，價格跌到 1.13 元，幾天之後，又上漲至 1.20 元，1.13 元因此成為新錨點。不論是短線當日沖銷的交易人、還是長線部位交易人，都會注意到線圖上的這個低點。上漲到 1.23 元後，再度下跌到 1.15 元，近期的 1.13 元低點仍在交易人心中揮之不去。跌到 1.15 元時，他們判斷

圖表 6-1　支撐和壓力線

KC（合約代碼）：咖啡──咖啡、糖、可可交易所（CSCE）

這個價格雖然很低、但比起錨點價 1.13 元，仍舊不夠低。

　　近期效應是指人們偏向側重和現在較接近的數據與經驗。由於 1.13 元是近期低點，交易人在評估現價時，它所扮演的角色就會比之前的低點重要許多。由於這個認知偏差，這個低點對於市場參與者的意義較為重大。此效應對於支撐和壓力現象有何影響呢？

　　假設你想買咖啡期貨。當價格跌到 1.13 元時，你會希望它繼續下跌，因此先不買進。等到幾天後，價格上漲到 1.23 元時，你會懊悔沒有在低於 1.15 元時的任何價格進場，因此你現在把低點鎖定在 1.13 元的最近低點，它讓人具體感覺是

「低」點基礎。因此，幾天之後，當價格又跌到 1.15 元以下，儘管價格和幾天之前相同，但現在你比較願意進場。在定錨效應和近期偏差的影響之下，只要價格低於 1.15 元，你都認為是合理的低點、也是買進的好價錢。由於許多市場參與者都認為低於 1.15 元是買進的好價錢，此時，只要價格移動出現停滯，市場就會湧入大量買盤。新買盤在支撐點的湧進會導致市場傾向短暫自高點回檔、或自低點反彈。

多數交易人認為支撐和壓力是實際存在的現象，這種看法更強化了它存在的現實，因為相信這類現象為真的市場行為強化了這類現象。如果許多交易人相信，當價格跌到某一水準時，會有大量買盤進入，則他們就更容易相信當價格真的跌到這個水準時，就會反彈上升。這份信念降低了他們在這個低點附近賣出的意願，因為他們寧願等到之後價格上升後再賣出，這都是這個價格的支撐效應在作祟。對支撐和壓力的信念成了自我應驗的預言。

處分效應是指交易人太早獲利了結、而不願等候更大獲利的傾向。隨著獲利增加，交易人對於失去獲利的恐懼就越強烈。這個效應對於支撐和壓力有何影響呢？

假設你在八月初在 102 時買進咖啡期貨，當時正是圖表 6-1 支撐 2 剛結束之際。當價格在幾天後漲到 114 時，你可能不會想要賣出，因為這一波漲勢來勢洶洶，你相信會漲到 120 或 125。後來，當價格跌到 105 時，你才會後悔，早知道在 110 賣掉也好。近期高點的作用讓你心想：「如果這次價格再漲回

114，我就會賣出。」

因此，當價格再度漲回這個水準，你便想賣出以便鎖定獲利。可能還有許多人立場也相同，想在價格再度回漲到這些近期高點（標有「壓力 2」的區域）時，趕快賣出。由於許多交易人想在他們所認為的高價出場，因此在此價位創造出一道自然障礙。八月早期的高點成為之後評估價格的錨點，所以只要是接近這些錨點的價格，都被認為是高價位。因此，越來越多的交易人願意在價格接近這些高點時賣出。

找出支撐和壓力的優勢

支撐和壓力像許多交易的觀念一樣，是屬於鬆散的概念、而不是嚴謹的法則。價格不一定會從之前的高點回跌、或低點反彈；只是有此傾向而已。而且，價格不一定要達到一樣的高點或低點才會回跌或反彈；有時候它們會提早反應，有時會延後反應，有時根本不受影響。

如果你使用的是逆勢操作的策略，則支撐和反彈是直接優勢來源。價格傾向在之前的高點回跌、或在之前的低點反彈，這為逆勢操作的交易人提供勝算。當支撐和壓力阻擋價格繼續朝同一方向進展，仰仗這個效應的逆勢操作交易人就能獲利。

如果你使用的是順勢操作的策略，則要看支撐線和壓力線的突破。請看看圖表 6-2、2006 年 12 月熱燃油期貨走勢圖，支撐線無法阻擋跌勢的情況。

圖表6-2　跌破壓力線

HO（合約代碼）：2號燃料油──紐約交易所（限場內交易）

　　6月中旬，首次測試每加侖2.10元的支撐，價格並未跌破，並在此反彈，然後停在2.31元，形成新的壓力線。當價格自2.16元的壓力線反彈後，並無法突破2.31元的壓力線。請注意價格到達「支撐2」的情況，這一次價格疲軟不振，顯示賣壓出現，支撐無力。價格甚至跌破「支撐1」，雖然隨後出現幾天的漲勢，但又繼續下跌，顯示此時也有賣壓湧現。

　　接下來發生的事情才有趣，尤其是，如果你能考量眾多市場參與者的可能心裡，則更能體會箇中趣味。9月5日那一天，價格下跌收黑，跌破三天前、也就是8月30日2.05元的

低點。這表示，只要是近日看好熱燃油、進場做多的交易人，手上全都是虧損交易。此外，此時已經沒有近日的參考價格做為支撐點，這表示，價格一旦開始下跌，就會跌得很深。如圖表 6-2 顯示這個狀況。價格一路跌到 1.85 元，此時可能是因為 7 個月前的支撐線，因此有少部分買盤出現。這條支撐線承受不住跌勢，一直跌到 9 月下旬 1.73 元才稍有反彈。

聰明的交易人會在 9 月 5 日前後就出場。他們知道，支撐有時能阻擋跌勢、有時卻擋不住跌勢，後者發生時，他們不想與市場搏鬥，以免被徹底摧毀。在這個例子中，就可能發生這種情況。

假設你看好熱燃油，在 2.10 元時買多五口；等到價格跌到 2.05 元時，你可能還加碼五口，因為你從近期 2.10 元支撐點來看，認為這個價格算便宜。等到幾天後，價格繼續跌到 2.00 元或 1.90 元、甚或跌破 1.80 元時，你會怎麼想呢？原來的五口已加碼為十口，帳面損失已達 11 萬 5,500 美元（十張合約，平均每張合約每加侖損失 0.275 美元，每張合約量為 4.2 萬加侖）。

這種事常常發生在交易新手身上。當市場發展暫時與他們的看法相反時，他們往往驚慌失措、發現自己站在市場反方。順勢操作者最喜歡這種情況，因為下跌時，他們站在賣方，當市場創新低，他們反而獲利。

順勢操作者的優勢來自於支撐與壓力失靈時、人們看法的依舊落後。在這個時候，人們抱持之前的信念太久，市場變動

不夠快，無法反映新事實。正因如此，當大盤跌破支撐或突破壓力時，常常會比其他時候還要再多向前進展一陣子，這種現象具統計顯著性。

在上例中，價格跌破標有「支撐 1」末端的最初壓力線時，已經沒有新買盤的介入。如果你想買熱燃油，而價格已跌破 2.05 元，你會在這時候進場嗎？當然不會；你會等到止跌後再介入。為什麼要在價格下跌當中買呢？可是，價格持續下跌，會有更多需要賣出的人開始恐慌，導致價格越跌越低。這種情況會一直持續到賣盤出盡、有意進場的人開始相信價格已經觸底為止。

在海龜眼中，這種情況不斷重複發生。有時候，我們正在累積部位，對於隨後的價格變動感到高興。有時候我們正在出脫部位，若見到價格跌破支撐，我們也會盡可能出脫獲利部位。

當價格「突破（跌破）」之前的壓力和支撐水準時，就會產生突破。我們身為突破交易人，會在壓力突破時買進做多，並在支撐跌破時進場做空。短期支撐跌破時，我出脫多頭部位，短期壓力突破時，我們出脫空頭部位。

動搖的基礎

接近支撐和壓力優勢的價格就是我所謂的價格不穩定點。它們的位置代表價格不會維持在此，而比較可能上漲或下跌。

若支撐有守，價格就會反彈。若壓力不破，價格就會回跌。如果支撐線和壓力線守不住，價格會繼續朝突破的方向進展，而且會衝得老遠。當市場許多未見的價格水準被突破，通常就沒有明顯的支撐或壓力點，也不再有顯著的錨點來當做改變交易人心裡的可能轉捩點。

在上述兩種例子中，價格不大可能維持在穩定的價格點。這也是我用不穩定一詞來描述這些價位的原因。此時有太多壓力。在心理站戰場上，正反兩方不是你死、就是我活，哪一方先出盡，價格就會依勝出的一方上漲或下跌。通常不會留在原地。價格不穩定點是極佳的交易契機。因為這些時候，成功和失敗的交易價差極小。誤判的代價也比較低。

我之所以用戰役來描述多空廝殺，還有另一個原因。在一般的戰役中，攻方將領會等待最佳成功機會出現。他可能會先派出一小組人進行突襲，來測試對方的防守能力，等到適當時機，再大舉入侵。當價格介於支撐和壓力線之間時，雙方並未真正開打，所以，很難看出誰輸誰贏。等到價格越來越接近這些支撐線或壓力線時，雙方就越來越戒備。其中一方一定會輸。價格不可能同時突破又無法突破，一定是二選一。

等到接近尾聲時，最容易看出哪一方贏得戰役。等到買方和賣方各自採取行動後，也最容易看出究竟是誰贏得這場支撐和壓力的心理戰役，你可以看價格是繼續朝突破方向進展、還是反彈或回檔，來判斷誰輸誰贏。

以圖表 6-2 為例，逆勢操作的交易人認為價格會繼續上

漲，於是在 2.10 元買進，並把停損點設在低於進場價 6 分之
處，因為這個價格代表支撐跌破。同樣的，順勢操作的交易人
在 2.10 元的高價進場賣空，然後把停損設在高出進場價 0.05
或 0.06 元、也就是 2.15 元或 2.16 元之處。如果價格跌到 2.10
元後、又反彈至此，就表示這條支撐有足夠力道能夠守住跌
勢。

　　優勢存在於由認知偏差產生系統性誤判的地方。這些地方
就是買方和賣方的戰場。優秀的交易人檢視證據，把賭注押在
他們認為會獲勝的一方。若押錯邊，他們也會勇於承認、趕快
出場來彌補。接下來的章節就是以這些觀念為基礎，來探究整
個系統。

第七章

衡量標準？

　　對風險擁有成熟的理解和尊敬是優秀交易人的特徵。他們知道，如果你不留意風險，風險就會盯上你。

　　思考某個以系統為基礎的交易策略、或者挑選使用這類策略的基金顧問時，有個關鍵問題，而且也許是唯一需要問的問題：「如何判斷哪個系統或經理人比較好呢？」一般來說，業界答案雖眾說紛云，但主旨只有一個：風險／報酬比最高的策略或經理人。

　　每個人都會想在某一程度的風險下獲利、或者在最小的風險下獲得某一程度的利潤。在這方面，大家的看法多半是一致的：包括交易人、投資人、基金經理人等等。不幸的是，在風險／報酬比上面，對於衡量風險和報酬部分的最佳方式看法不一。有時候，金融界對於風險的定義完全把某類風險摒除在外，那些風險和他們自己所關心的風險一樣，正在伺機咬他們一口。

　　長期資金管理公司（Long-Term Capital Management, LTCM）爆發巨大虧損、就是風險存在於傳統標準之外的最佳例子。本章會找出這些風險、加以說明，然後根據歷史數據，為交易系統提出估算風險和報酬的幾個通用機制。

　　理奇和比爾非常關切我們的部位大小，因為他們知道，在價格出現大反轉時，如果持有部位太過龐大，將會有失去所有的風險。就在海龜計畫展開的幾年以前，他們曾買進白銀期貨，後來，白銀市場連續好幾天漲跌幅被鎖住。這表示，他們根本沒有出場的機會，因為紐約商品期貨交易所（COMEX）強制規定每日白銀價格變動幅度，沒有人會願意進場。這是期貨交易人最大的夢魘。你眼睜睜地看著你的錢一天天地消失，

一點辦法也沒有。

還好，在事情發生之前，理奇就已經縮小持有部位，這個小動作，可能為他省下了幾億美元的損失。如果他沒有迅速反應，他就會一無所有。我相信在海龜計畫實行期間，理奇對於當時的舉動記憶依舊鮮明。

理奇不斷監看海龜們的部位，如果他覺得整體風險太大，他也會減少他自己的部位。外界總是認為理奇是衝鋒陷陣的「鎗客」，在我看來，他對於風險非常謹慎。

關於風險

由於風險種類很多，因此測量的方式也不同。有鮮少發生的重大風險，可能十年才發生一、兩次；也有一年可能發生好幾次的一般風險。多數交易人關心四種主要風險：

- **連續虧損**（drawdowns）：一連串虧損，讓交易帳戶資金水位快速降低。
- **低報酬**（low returns）：獲利極小、不足以維生的時期。
- **價格衝擊**（price shocks）：發生於一或兩個市場的突然變動，導致許多無法挽救的虧損。
- **系統失靈**（system death）：市場動能改變，導致之前獲利的系統開始虧損。

讓我們來一一檢視這些風險，然後，思考有哪些方式能夠

用來做為評估交易人和交易系統的風險／報酬。

連續虧損

連續虧損可能是讓多數交易人停止交易、總績效成為輸家的風險。圖表7-1的淨值曲線顯示使用唐奇安趨勢系統來交易10萬美元的帳戶、從1996年1月到2006年5月的淨值變化。

從本圖中，你可以看到，在十多年的測試期間，淨值的平均複合增長率為43.7%。其中也有一段時間出現了38%的連續虧損。

許多交易新手會受到這套系統的亮麗績效所誘惑，心想：「我如果能有那樣的報酬率，當然能夠忍受38%的虧損。」不幸的是，經驗一再顯示，人們並不了解自己對於這種事情的忍受度。如果你看的是像7-1這樣的圖，就更是如此，本圖使用對數刻度（logarithmic scale），連續虧損看起來要比在標準刻度上小很多。

菜鳥約翰對於這套系統的績效以及自己處理這類連續虧損的能力都自信滿滿，於是拿著10萬美元，從6月1日開始進場。圖表7-2所顯示的結果一直到2006年10月都和7-1是一樣的，只是它還標出用線形刻度表示的歷史性連續虧損。

菜鳥在6月1日開始交易不久，該系統便進入連續虧損期，而且虧損幅度要比之前的測試都來得高：42%。此時，他心中想什麼呢？

懷疑、恐懼、焦慮以及數不清的疑問：

圖表 7-1　唐奇安趨勢系統績效：1996 年 1 月至 2006 年 5 月

淨值曲線──對數德度

$5,000,000	
$2,000,000	
$1,000,000	
$500,000	
$200,000	
$100,000	

■ 總淨值

圖表 7-2　唐奇安趨勢系統績效： 1996 年 1 月至 2006 年 10 月

淨值曲線──線形刻度與連續虧損

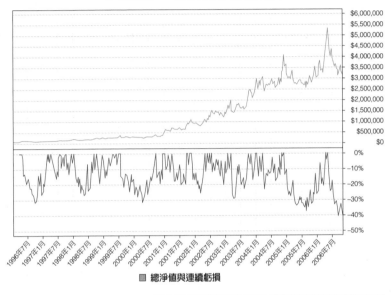

■ 總淨值與連續虧損

「要是這套系統失靈了怎麼辦？」

「要是這只是更大連續虧損的開始，怎麼辦？」

「要是我之前的測試有問題怎麼辦？」

「要是……？」

這類懷疑通常會讓新手停止使用這套系統、或者開始選擇性地交易來「降低風險」。這些做法通常會讓交易人錯失獲利交易，然後，在損失原始帳戶一半以上的資金後，沮喪地出

場。就是因為這樣，交易新手即便是使用有效策略，也難成功：他們高估了自己的能力，以為自己能夠承受積極型風險交易的大幅波動。

從我個人的觀察，多數人都無法承受這類連續虧損。對於自己的交易、系統和測試結果極有信心的成功交易人也許還能承受大規模的連續虧損，但是謹慎的新手應該要調整他的風險，盡量避免遭遇連續虧損。不過，這麼做當然也會減少用該系統交易的報酬，不過，這是明智的妥協。

我們海龜成員非常幸運，因為我們的老闆，理查・丹尼斯只將連續虧損視為一連串的損失、而不是吐回部分獲利。他知道，吐回部分獲利是順勢操作者的計策之一。

因此，對我們這些幫他管理資金的人來說，他算是相當寬容的老闆。在面臨我們有時遇到的連續虧損時，其他投資人多半會驚慌失措。觀察那些曾經成功向外募集資金的前海龜成員的報酬率，你會發現，他們現在的交易資金水位要比海龜時代減少很多，特別是如果你想募集機構資金，這一點是必要條件。

不幸的是，若不經過這些程度的連續虧損，你是絕對不可能像我們海龜成員一樣，賺得百分之百以上的報酬。我想，我所遇過的連續虧損中，最糟糕的損失高達七成。我不知道有多少人能夠忍受這樣的虧損。多數人在心理上都難以接受。

低報酬

如果交易人打算每筆交易皆達到 30% 的報酬率，可以使用每年能創造 30% 可靠報酬率的系統、或者是另外一種方式，那就是，第一年 5% 的報酬率、第二年 5% 的報酬率、第三年 100% 的報酬率，都可以達到這個目標。三年後，這些系統同樣都可創造出 30% 的平均年複合成長率（compound average growth rate, CAGR）。不過，多數交易人都會堅稱每年皆創造 30% 報酬率的系統比較好，因為它的淨值曲線比較平順。

在其他條件相同的情況下，我們發現，持續創造出滿意報酬的系統，比較可能在未來繼續創造出滿意的報酬率。因此，在任何一年，這套系統創造出的報酬率低於平均的風險、會比歷史報酬率大起大落的系統還要低。

價格衝擊

價格衝擊是指價格突然或快速變動，這通常起因於天然災害、不可預知的政治事件、或者經濟災禍。從我開始交易以來，遇過兩次嚴重的價格衝擊：分別是 1987 年美國股票市場崩盤及隨後的金融危機、以及 2001 年 9 月 11 日紐約世貿中心恐怖攻擊事件。

第一次的價格衝擊發生時，我正在為理查‧丹尼斯交易 2,000 萬美元的帳戶。我還記得非常清楚。在崩盤當天，我其實還賺了一點錢，但是隔天情勢完全改觀。

　　1987 年 10 月 19 日是個黑色星期一，歐元以 90.64 收盤，來到兩天前契約新低 90.15 附近，當天早上還向下測試 90.18。我手上約有 1,200 口 12 月歐元的空頭契約，另外還放空 600 口國庫券期貨。另外，多頭部份，我有不少的黃金與白銀、也有大量的外匯期貨。

　　隔天，歐元開出 92.85，比前一天收盤還高出兩點，每口契約大約 5,500 美元，完全沒有出場機會。這是我八個月以來從未遇過的價格。此外，黃金以 25 美元開出，白銀開盤就下跌超過 1 美元。圖表 7-3 顯示這次價格衝擊當天的歐元市場。

┃圖表 7-3　價格衝擊對歐元價格的影響

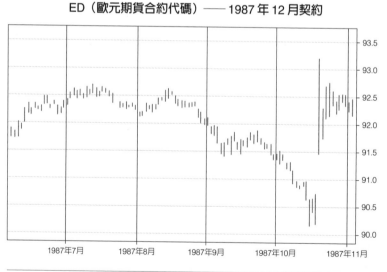

ED（歐元期貨合約代碼）──1987 年 12 月契約

整體而言，我幫理查・丹尼斯交易的 2,000 萬美元的帳戶虧損高達 1,100 萬美元。基本上，我所有獲利一夕間全部消失。

諷刺又好笑的是，崩盤當天我還賺錢。是因為政府退縮、在毫無預警的情況下降低突然利率，才害死我。這就是價格衝擊。

圖表 7-4 顯示，從 1984 年我們加入海龜計畫、到 1987 年計畫結束，利用唐奇安趨勢系統來交易 10 萬美元的績效。

圖表 7-4　1987 年股市崩盤所造成的大規模連續虧損

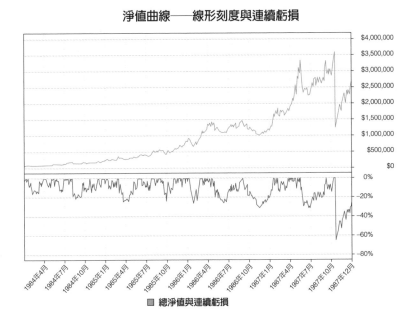

淨值曲線──線形刻度與連續虧損

■ 總淨值與連續虧損

你可以清楚看到圖中的大型「釘峰」顯示 65% 的連續虧損。這次的連續虧損發生於一夕之間,這一點一定要謹記。根本沒有出場的機會。還有一點很有趣,這個一天內的連續虧損、是該系統歷史測試中最大連續虧損的兩倍之多。換句話說,歷史測試將連續虧損低估了一半。

交易人若想保住飯碗,就會在估算風險程度時,謹慎考量價格衝擊的事實。若發生大規模的價格衝擊,那些為創造高報酬而承受高風險的人,將會遭遇可怕的連續虧損、甚或喪失所有交易淨值。

系統失靈

系統失靈的風險,是指以往奏效、或在歷史測試中顯示奏效的系統突然失靈,並開始虧損。這種風險的發生,多半是因為倚靠不完善的測試方法,而不是市場本身的關係。對於那些使用短線系統、善用近期價格行為的人來說,這是個比較大的風險。

交易新手很難分辨出進入連續虧損期的系統和失靈的系統有何不同。我敢說,這也許是新手最大的焦慮來源。他們遇到連續虧損,於是開始質疑他們的方法:「我是不是在測試時做錯了什麼?」「是不是因為市場出現某種變化,讓我的方法失靈?」「這種情況會不會持續下去?」

我會在稍後的章節討論減輕系統失靈風險的方式。不過,很不幸的,由於市場是動態的、而且還有其他許多參與者,市

場變化是改變不了的事實，而且它也可能影響之前奏效的系統和方法；有時候，這些變化是永久性的。優秀的交易人和平庸的交易人最大的不同處之一，就是他們能夠堅守別人已經厭煩並拋棄的方法，然後用這些方法創造成功。

部分市場參與者認為某些做法已經失靈、就將之拋棄，這對順勢操作者帶來一個有趣的副作用。順勢操作者每幾年就會經歷一段虧損期，此時必然就會有專家出來宣佈追逐趨勢已經結束。同時還會發生順勢操作基金的贖回熱潮。隨著越來越多資金逃離順勢操作的基金，那些策略又開始賺錢，而且往往引人注目。自從海龜計畫啟動以來，至少有三、四次有人出來宣稱順勢操作已經失靈。我總是一笑置之，因為我知道獲利市場又快到來了。

評估未知

量化風險的方法很多，這也是你在使用某一交易系統時，把可能會承受的痛苦事先列入考量的方法之一。以下是我認為有用的幾個評估方式：

1. **最大連續虧損**（maximum drawdown）：這個數字顯示測試期間、從淨值最高點跌到最低點的最高虧損比。以圖表7-4來看，1987年股災所造成的價格衝擊產生了65%的最大連續虧損。

2. 最長連續虧損（longest drawdown）：最長連續虧損是指
   某一淨值高點到下一個高點的時間。這個數字可看出在小
   賠之後，要等多久才能在創淨值新高。

3. 報酬標準差（standard deviation of returns）：這可看出報
   酬分布狀況。低報酬標準差表示報酬多半接近平均；高報
   酬標準差表示每個月的報酬有相當大的差異。

4. R 平方值（R-squared）：可看出年複合成長率百分比曲線
   的平滑度。像是滋生利息帳戶這類固定報酬的投資、其
   4R 值為 1.0，而不固定的報酬、其 R 平方值就低於 1.0。

風險的反面：報酬

　　量化報酬的方式很多，要量化某一交易系統的報酬，就是
指使用該方法交易時，可望賺得多少錢。以下是幾個我認為有
用的計算方式：

- CAGR%：年複合利率又叫做幾何平均報酬（geometric
  average return），它是指某一期間複合平均產生相同最終
  淨值的成長率。最簡單的滋息帳戶，CAGR% 就等於利率
  本身。這個計算方式會受到單一高報酬期極大影響。

- 平均一年延伸報酬（average one-year trailing return）：這
  可計算出任一時點投入一年後的平均報酬。這個數字可讓
  你更了解在某一時間進場後，一年的報酬率應該是什麼樣

的水準。如果測試時間長達幾年，計算結果較不易受到單一高報酬時期的影響。

- 平均月報酬（average monthly return）：這是測試期單月報酬的平均數。

除了這些單一數字的測量值以外，我發現觀察淨值曲線本身、以及像第四章圖表 4-4 這類強調每月報酬分布的圖形也很有用。另外，我也會觀察長時期的單月報酬表現，如圖表 7-5，顯示使用唐奇安趨勢系統自 1996 年至 2006 年 6 月的每月報酬。

我發現，像 7-5 這樣的圖表足以讓人們對於相對痛苦和報酬有清楚的概念，而且也比單一圖形或一組數字更有啟發性。

評估風險與報酬

在比較系統與選擇用系統來操作期貨交易基金的經理人時，有幾個常用的統一風險／報酬測量方式。其中，最常見的就是夏普指數（Sharpe ratio）和 MAR 指數。

夏普指數

夏普指數可能是退休基金和投資機構在比較潛在投資標的時，最長使用的標準。夏普指數是由諾貝爾獎得主威廉・夏普（William F. Sharpe）於 1996 年所發明，做為比較共同基金績效的標準。這項標準最初名為評量報酬對波動性比，但後來人

圖表 7-5　唐奇安趨勢系統月報酬：1996 年 1 月至 2006 年 6 月

月報酬

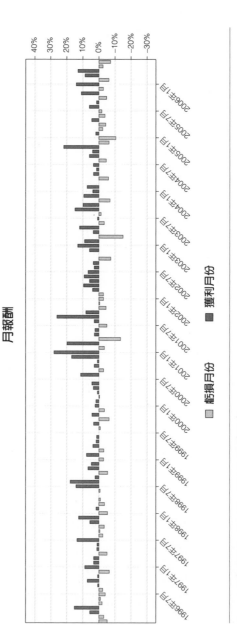

■ 虧損月份　■ 獲利月份

們以發明者命名，簡單的稱為夏普指數。

夏普指數以計算期間的CAGR％（那就是，一月期或一年期減去所謂的無風險率、或是投資國庫券這類毫無風險的債券的預期報酬率），也就是差別報酬，除以該報酬（一般為年報酬或月報酬）的標準差。要記住，夏普指數的最初用意是比較共同基金績效，而不是完整的風險／報酬測量標準。共同基金是非常特別的投資工具，是以股票投資組合為標的的非槓桿投資。

夏普指數是用來比較共同基金績效，這一點反到提醒我們留意它未考量的風險種類。1966年夏普指數首度被提出時，共同基金是以美國股票投資組合為標的的非槓桿投資。因此，比較共同基金、就等於是比較使用相同基本模式、在相同市場的投資。

而且，當時共同基金做的是長線股票投資組合。在時間和交易要素都差不多的情況下，只能比較出組合的選擇和策略的多元性。因此，在評量共同基金績效方面，夏普指數正確地突顯出：在相同時期內，信心風險和報酬程度直接相關，因此，夏普指數頗能反映風險。在其他條件皆相同的情況下，變異程度較低的共同基金、比較不會發生報酬脫離過去顯示的平均報酬的情況。

雖然夏普指數能正確比較出股票投資組合管理策略的風險／報酬，但還是不足以比較出期貨和商品避險基金等這類另項投資基金的績效，像是期貨和商品避險基金等。夏普指數之所

以在這方面功效不足，是因為另項投資和非槓桿性股票投資組合、在風險方面有以下不同之處：

- **管理方式風險**：期貨系統和基金通常使用短期交易策略，這和使用買進持有策略的傳統基金非常不同。使用進出頻繁的交易策略，虧損的速度也可能會加快許多。
- **多元化策略風險**：傳統投資會把較多資產放在許多不同的投資標的，而許多期貨基金和交易系統並未提供相同程度的內部多元化投資。
- **曝險**：期貨的槓桿高於股票，因此期貨交易人比較容易面臨市場波動所造成的風險。
- **信心風險**：許多期貨基金經理人沒有大量的績效紀錄。在有限的績效紀錄之下，投資人獲得報酬不如預期的風險便大增。

不幸的是，使用夏普指數往往會讓這些我在業界觀察到的問題更加惡化，那些不了解期貨交易、不知道它和傳統買進持有的股票投資有何不同的投資人更是如此，這些人認為報酬的穩定性足以代表一切風險。

讓我在此澄清：穩定性不等於風險！風險極高的投資也能在短時期內提供穩定的報酬。投資人常常會認為，能夠多年持續提供正數報酬的投資或經理人，就是安全的選擇。他們不了解報酬究竟是怎麼來的，只是盲目地堅持這個想法。

我認為，在許多情況下，報酬的穩定性和實際風險兩者之

間存有反向關係。讓我提供兩個例子來證明這一點：其中一個例子是關於一個長年績效不俗的策略，因為長期資本管理公司（LTCM）的事件，而突然失靈；第二個例子中的策略，目前仍有許多基金使用，而且績效亮麗，可是卻有可能爆發相同的危機。

當天才隕落

LTCM 所使用的策略，是倚賴高槓桿、以及固定收益債券的價格在某些情況下有價差收斂的傾向。由於 LTCM 使用極高的槓桿，使得持有部位相對市場來看過於龐大，因此，當面臨虧損時，很難出脫這些部位。

這項策略連續好幾年創造亮麗績效，可是，當俄羅斯宣布停止債券付息、引發金融危機、觸發價格暴跌，它的規模對 LTCM 相當不利。這是因為市場其他參與者知道價格的走勢會繼續讓 LTCM 持有部位虧損，該公司最後免不了要沖銷這些部位。最後，該基金幾乎虧損殆盡，想當初在崩盤之前，居然還創下 74 億美元的淨值。

在此危機之前，LTCM 的年報酬率幾近 40%，而且分布相當穩定。換句話說，在此之前，它擁有極佳的夏普指數。關於 LTCM 的倒閉，可參考羅傑‧羅文斯坦（Roger Lowenstein）所著的《當天才殞落》（*When Genius Failed*）。（我非常喜歡這本書的書名，因此延用它做為本節標題。）

夏普失靈

類似的事件最近又再度發生。以操作天然氣期貨為主的安馬蘭斯（Amaranth）基金同樣建立了相當龐大的部位。才短短兩個月的時間，規模 90 億美元的安馬蘭斯基金就虧損了65%。在此之前，它一樣擁有極佳的夏普指數。

暴風將至？

目前有許多避險基金將資金部位用鑿來賺取獲利，這表示他們認為市場不大可能出現重大價格變化。在適度管理風險的情況下，這是個非常有效的策略，能夠提供非常穩定的報酬。

這種做法的問題出在非專業人士很難了解基金內部實際發生的風險。使用這種策略，能夠產生穩定的高報酬，可是任何的價格衝擊都會觸動極大風險。舉例來說，1987 年的歐元市場，凡是買入看跌期權的人，全都損失慘重。光是價格衝擊、再加上隨著承做期權而來的曝險，就足以讓基金在一天之內跌掉全部現值。

謹慎的經理人會控制這類風險。不幸的是，等到投資人發現這類風險時，往往已經太遲、投資全化為烏有。他們受基金穩定的報酬與多年的優良紀錄所誘惑，其實，這些基因只是尚未經歷真正糟糕的日子。

MAR 指數

　　MAR 指數是由專門報導避險基金績效的管理帳戶報告公司（Managed Accounts Reports）所設計。MAR 指數將年報酬除以該年最大連續虧損的月結數字。這個數字快速且直接了當地評量風險／報酬，我認為能夠用來篩選出績效不佳的策略，非常適合用來初步過濾。從 1966 年 1 月到 2006 年 6 月的績效表現來看，唐奇安趨勢系統的 MAR 指數為 1.22、 CAGR% 為 27.38、以月結數字計算出來的最大連續虧損是 22.35%。

　　我發現使用月結數字有點隨便，而且我也發現它通常低估真正的連續虧損數字；因此，我個人進行測時時，就使用最高點到結束點間的最大連續虧損，而不考慮是每個月的哪幾天。為讓你對於我的方法和光使用月結數字的不同處有點概念，讓我告訴你我算出來的結果，將月底以外的天數納入考量的實際最大連續虧損是 27.58，而如果只算月結，則是 22.35。我算出來的 MAR 指數是 0.99，而原來只用月結數字算出來的是 1.22。

再談系統失靈

　　我觀察交易系統、策略和績效時，最有趣的發現之一，就是那些歷史績效展現極佳風險／報酬比的策略，往往是交易大眾爭相仿效的對象。你很快就會投入幾十億美元來追逐這個做

法，結果，使用這些策略的交易迅速增加，超過他們所交易的市場的流動性，便會向內聚爆，最後慘遭系統過早失靈。

　　套利策略也許是最典型的例子。套利原來應該屬於無風險交易。你在某處買進、在他處賣出，減去交通或保管成本，利差全部賺進口袋。多數的套利策略並非完全沒有風險，可是也相去無幾。問題是，只有在不同地點的標的有價差、或者兩種類似投資工具的價格有落差，這些策略才能獲利。

　　越多交易人使用同一種策略、在相同交易上相互競爭，價差跌的就越多。時間一久，這種效應會扼殺該策略，讓它越來越難以獲利。

　　相反的，不吸引一般投資大眾的系統和策略反而能擁有較長壽命。順勢操作就是最佳例子。多數的投資大戶都不喜歡大幅的連續虧損與淨值波動，但這卻是順勢操作策略經常遇見的情況。因此，長久以來，順勢操作持續奏效。

　　不過，報酬往往是週期性的。在經過一段時間的穩定報酬之後，就會有大量的新資金投入，這些投資人在相同市場使用相同策略，讓市場一時難以消化這些新資金，於是就會進入一段艱難期。那些順勢操作的基金績效不佳，投資人陸續贖回資金，之後就會再進入一段報酬豐厚的時期。

　　做比較時要小心：在檢視某一策略時，如果太貪心，則你很有可能不會得到你想要的結果。那些過去似乎表現最佳的策略最可能吸引新投資人，因此，當新資金紛紛流入後，就很可能開始表現不佳。

人人各異

我們對於痛苦的忍受度以及對報酬的期許各不相同。因此，並沒有能夠適用於每個人的單一衡量標準。我個人一直使用 MAR 指數、連續虧損和整體報酬，同時也留意夏普指數和 R 平方值的穩定性。最近，我設計了幾個比這些常見標準還要穩定的衡量標準，我會在第十二章加以介紹。

另外，我也盡量不過分在某一個數字上鑽牛角尖，因為我知道未來一定會不一樣，而且，某一策略在某一時點擁有 1.5 的 MAR 指數，也不表示它會一直維持相同水準。

第八章

風險與資金管理

破產是你最應該關心的風險。如果你不小心留意，它會像夜裡光顧的小偷一樣，偷走你所有東西。

　　資金管理一詞就像期望值、優勢、破產風險等我們在交易時使用的概念一樣，都是來自於博弈理論。資金管理是一門藝術，將你的破產風險維持在可接受的水準，同時，為了將獲利潛能發揮到極限，又要選擇適度的股票或契約交易數量，並且限制部位中的積極投資數量，以控制價格衝擊的曝險率。每位交易人都會遇到市場慘淡的時期，但良好的資金管理協助保障你在低迷時刻也能繼續交易。關於這個議題的討論多半使用數不清的公式、提出各種不同的方法，來找出正確的交易數量。它們看待風險的方式，似乎風險是可限定的可知概論，事實不然。本章不會重複這些討論內容。如果你想了解那些用來算出交易數量的各種方法，可參考本書最後列出的書單。

　　我認為資金管理比較像是藝術、而非科學，或者，也許更像是宗教。永遠沒有正確答案。永遠沒有最佳方式來界定一個人的風險部位。只有許許多多只適用於個人的答案；唯有問對問題，才能獲得屬於自己的答案。

　　資金管理的精髓，是在以下兩者之間做出取捨：要承擔那麼多風險、最後失去一切或被迫退場，還是，承擔極小風險，最後手上留了太多現金。因為承擔過多風險、最後讓你不得不停止交易的情況有兩種：連續虧損持續過久，讓你心理無法承受；以及，突然出現的價格衝擊，吞噬你帳戶中的所有資金。

　　適合你的風險水準全看你所重視的是什麼。因此，如果你想交易，你必須非常了解承擔過多風險或過少風險各有何涵義，才能夠做出適當決定。

許多推銷交易系統或課程的商人，宣稱任何人都能夠迅速且輕易地使用他們的方法來致富。他們這麼做是為了要賣出更多的交易系統或課程。他們對於風險的危險性語帶保留，但卻誇大了致富的機率和容易度。

他們信口開河。風險實際存在，交易並不容易。

在決定積極操作之前，要謹記一件事：不管你一開始有多少錢，每年20%或30%的穩定報酬率都能讓你在不算長的時間內賺得大筆金錢。只要你不全部賠光，能夠東山再起，則複利的力量非常強大。假設你拿5萬美元出來投資，若能賺得30%的報酬，則20年以後，你的資金將逼近千萬大關。

若你想採取每年100%或200%這種非常積極的投資方式，則你一毛不剩、被迫停止交易的機率便大幅提高。我強烈建議在開始交易的頭幾年，最好採取保守做法。

想想看，如果你從1987年開始以唐奇安趨勢系統積極交易，會是什麼情況。圖表8-1顯示了隨著風險度增加、所遭遇的連續虧損的變化情況。

請留意線圖穩定上升，最後在100%持平。這表示，如果你積極交易，每一筆交易的風險都占交易資金的3%，則你會在一夕之間把錢賠光，因為連續虧損就發生在利率市場突然反轉的那一天之間。

對多數人來說，謹慎的交易方式是指：使用歷史模擬時，連續虧損不得大於你所能忍受程度的二分之一。如此一來，要是系統出現比測試期間還要更大的連續虧損，則還有一段緩衝

圖表 8-1　連續虧損與風險的關係

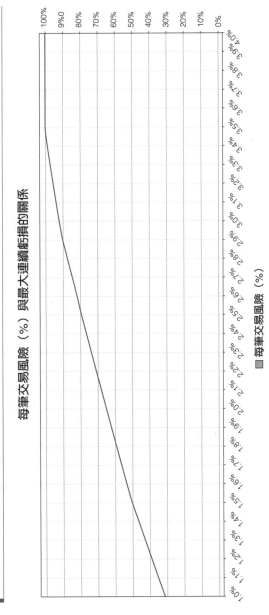

每筆交易風險（%）與最大連續虧損的關係

■ 每筆交易風險（%）

地帶。同時,不預期的價格衝擊也比較不大可能吞噬你所有的交易資金。

不要以訛傳訛

許多人到處探聽資金管理秘訣,把它們當作是能夠治療交易毛病的仙丹妙藥一樣。還有人設計出複雜公式、並寫了一整本書來談論資金管理。它不應該那麼複雜的。

適當的資金管理非常簡單。以某一規模的交易帳戶,你能夠放心地在每個期貨市場買進某一數量的契約。對於某些市場和規模較小的帳戶來說,這個數量有可能是零。

舉例來說,今年初的天然氣(紐約交易所代號 NG)契約的 ATR 是每張契約超過 7,500 美元。還記得嗎,這表示該契約平均每天波動價值為 7,500 美元。因此,像是唐奇安趨勢系統這種使用 2ATR 停損的系統,一筆交易就可能損失 15,000 美元。如果你的交易帳戶為 50,000 美元,這筆損失就占了帳戶的 30%。多一筆投資的損失風險就高達帳戶的三成,多數人會認為這不是明智之舉。因此,若謹慎投資 50,000 美元的帳戶,則天然氣契約交易數量應該是零。就算帳戶金額高達 100萬美元,這類交易也占了 1.5% 的風險水準,許多人會認為這是相當積極的投資做法。

交易風險過高,可能是新手失敗的最常見原因。新手投資時往往過於積極,連續虧損個幾次,就有可能賠光整個交易帳

戶。新手常誤解槓桿的危險，而且，他們的經紀商和交易所准許他們只需兩萬美元就能買賣大型合約，他們常常就做到規定的極限。

再談破產風險

我們稍早討論過破產風險的概念：因連續虧損而賠光資金、被迫停止交易的機率。在多數人心中，它是指使用非常簡單的機率公式所得到的一組隨機結果。在風險方面，人們多半認為，之所以會遭遇破產，是因為面臨蜂擁而至的虧損期。我認為，這通常不是讓交易人破產的原因。交易人不會經常成為市場行為隨機反轉的犧牲品。比較可能的原因是，他們在分析中犯了幾個嚴重的錯誤。

以下是我認為交易人在操作商品期貨時無法成功的幾個原因：

- **無計畫**：許多交易人憑直覺、傳言、猜測來交易，而且自以為知道價格未來走向。
- **太多風險**：有許多原本可望成功的交易人因為承受太多風險而破產。我說的不是比謹慎程度多 50% 或 100% 的風險程度。我曾經看過交易人所承擔的風險是我認為謹慎程度的五到十倍之多。
- **不切實際的期許**：許多交易新手所承擔的投資風險過高，

因為他們對於能賺多少錢、能達到什麼樣的報酬有不切實際的期許。也因如此，他們以為只要有基本數據就可以開始交易；他們沒受過什麼訓練、手上資訊也不充分，但認為自己夠聰明，能夠「打敗」市場。

我在高中開始在期貨交易系統公司打工時，發現一件很奇怪的事情：我們的客戶中，醫生和牙醫占了極高比例。當時，我以為醫生和牙醫之所以對交易有興趣，是因為他們收入不俗，有本錢在期貨市場投機。現在回想起來，我發現這只是部分原因。我現在認為，醫生和牙醫尤其對商品期貨交易有興趣的原因，是因為他們對於自己的聰明和能力相當有把握，自認為能夠把工作上的成功複製到別的領域上——在這一方面，他們也許自信過度了。

例如，做醫生的一定相當聰明。要成為醫生，一定是名校畢業、通過各種考試、而且成績優異。此外，從醫學院畢業是人人羨慕、但只有少數才達成的成就。這麼聰明、而且一路過關斬將的人，很自然地會認為自己能在交易領域創造成功。

同時，很多醫生和牙醫期望自己立刻成為成功的交易人。交易看起來很簡單，要成功應該沒什麼問題。不過，我卻發現他們在期貨操作上多半不成功，因為他們沒有切合實際的期許。在某一產業成功，並不保證會在交易上成功。

我在本書一開始提過，交易非常簡單易懂，可是做起來卻不容易，他們並不了解這一點。你得花時間研讀，才會發現交

易是多麼簡單，可是，對多數交易人而言，還要經過好幾年的失敗經驗，才能體會保持簡單、掌握基本是多麼的困難。

想想海龜的例子。我們所學到的方法是一模一樣的，而且前前後後也不過兩個禮拜的時間，可是，有些人完全沒有獲利。我們在辦公室中有非常多的正面助力，督促成員做出正確的決定，因為我們能夠聽到其他成員電話下單，可是，還是有人沒有遵循我們所學到的方法。

海龜資金管理──留在市場上

交易的主要目標應該是留在市場上。時間任你安排。有正數期望值的系統或方法最後一定會幫助你致富，績效甚至會出乎你的意料之外。可是，前提是，你得持續交易才行。對交易人來說，毀滅有兩種形式：一種是緩慢、痛苦的折磨，讓交易人痛苦沮喪萬分，不得不退出；另一種是我們稱為「搞砸」的快速毀滅。

多數新交易人高估了他們對於痛苦的忍耐力，以為他們能夠忍受 30% 或 40% ──甚至 50% 或 70% 的連續虧損，事實不然。這種心態對於他們的交易有極大的反效果，因為，他們會在最糟糕的時候完全停止交易、或者改變方法：那就是在遭遇連續虧損、經歷重大損失之後。

未來的不確定性是讓交易如此困難的原因，沒有人喜歡不確定性。不幸的是，市場不可預料，這是事實，你頂多只能希

望以往奏效的方法能夠再發揮好一陣子的效用。因此，你的交易方法要盡量精心設計，以降低交易時可能遇到的不確定性。市場本身已經相當不確定；沒有理由再增加差勁的資金管理法這項變數。

海龜交易法並非預測市場趨勢與交易明牌，我們每位海龜每次操作時的期許和承諾都一樣。這意味者，盡量在每個市場投注等值的資金，若能依據海龜方式來進行資金管理，獲得持續報酬的機會便提升不少，因為我們的做法會依各市場的相對波動與風險進行調整。

像是在每個市場各交易一口這類過度簡化的策略、以及未將波動性標準化的方法，會使得某些市場的交易規模大於其他市場。因此，如果你在虧損市場擁有大型合約，則在某一市場的大量獲利可能還不足以彌補另一市場的小量虧損。

儘管許多交易人直覺地知道這一點，但還是有許多人使用相當簡化的機制，來決定在某一市場交易幾口。例如，他們可能在兩萬美元的帳戶中，買下一口標普 500 指數期貨。同樣的公式，他們可能用了十年，在這十年中，該市場已經大幅波動。這種做法會讓報酬出現不必要的變化性。

N 因數

稍早提過，理奇和比爾使用了一個創新的方法，也就是根據統一幣值所算出市場每日上揚或下跌變化，來決定每個市場

的部位規模。他們為每個市場找出需要交易的合約張數，以便讓他們全部上揚或下跌到等值的幅度。由於我們在每個市場所交易的口數視 N 這個波動標準加以調整，因此，任一筆交易的每日波動幅度都極為接近。

有些交易人喜歡用停損出場價格和進場價格的差距來衡量風險。這只是考量風險的方法之一而已。 1987 年 10 月，不管我們的停損設在什麼價位都沒有差別，市場一夜之間就跨過了我們的停損點。

如果我一直使用停損價和進場價的差距來衡量風險，那麼，我當天的損失就會是其他海龜成員的四倍，因為我所使用的停損 ATR 是其他人的四分之一。我用 1/2ATR 停損、而其他海龜多半使用 2ATR 停損。因此，我如果只考量距離停損點的距離，則算出來的部位就會是其他海龜的四倍。

還好，理奇使用以波動率為基礎的部位大小估算方式來管理風險，因此，我所持有的部位占我的帳戶比例和其他海龜差不多，而我們對於價格衝擊的曝險率都是一樣的。我相信理奇和比爾之所以使用這個方法並非偶然，他們在決定如何限制海龜可使用的最大風險程度時，一定都回想起之前經歷價格衝擊的狀況。

理奇和比爾在訂定我們的交易規則時、所做的最明智的事情，就是為我們的整體風險設限。這對於我們的連續虧損、還有特別是我們的價格衝擊曝險都有重大意義。我之前提過，我們把持有部位分為一個個稱為單位的小部份。每一個單位大

小、都是讓 1-ATR 的價格變動等於我們帳戶規模的 1% 的合約張數。以 100 萬美元的交易帳戶來說，1% 就是一萬美元。於是，我們會看某一市場一個價格變動區間的金額，然後將一萬除以這筆金額，來決定在操作理奇分配給我們的 100 萬美元帳戶時，應該交易多少張合約。我們將這些數字稱為單位規模。波動性較高、或者合約較大的市場，其單位規模就會比合約規模小、或波動性較低的市場來得小。

　　理奇和比爾絕對注意到任何有交易經驗的人都會注意到的幾件事情：許多市場彼此相關性極高，當大趨勢結束、苦日子到來時，似乎每件事一下子都變得不合你意；當大趨勢瓦解、進入波動期時，就連那些平常似乎沒有關聯的市場，也全都被牽連。

　　回想 1987 年 10 月發生於一日之間的價格衝擊。當天，幾乎每一個我們涉足的市場都往不利於我們投資的方向發展。為抵銷這個效應，理奇和比爾對我們的交易設定了一些限制：首先，我們在每個市場投資不得超過四個單位；其次，在彼此高度相關的市場中，總交易量不得超過六個單位；第三，在任一操作方向上不得超過 10 個單位（例如，10 多或 10 空）。而如果這些市場彼此沒有關聯性，則可增加到 12 個單位。就是因為這些限制，當天搞不好挽救了理奇上億美元的損失。如果沒有這些限制，我們的損失會大到難以想像。

　　我常看到有人表示對海龜系統的歷史績效做了測試，然後宣稱這些方法效果不佳、或贏利不高。他們會說：「除了單位

限制之外，每一項規則我都做到了。」單位限制是整合本系統的重要部分，因為它們是在落後市場中、過濾我們交易的機制。

利率期貨提供了最好的例子。海龜計畫時，我們交易的利率市場有四種：歐美元、美國國庫券、90天美國財政部國庫券（譯註：已下市）和兩年美國中期債券。在任何期間有可能出現四個市場皆有進場信號的情況。此時，我們通常只會同時交易兩個市場：那就是最早顯示信號的兩個市場。

外匯期貨也是一樣：我們交易的外匯期貨包括法郎（譯註：已下市）、英鎊、德國馬克（譯註：已下市）、瑞法郎、加幣和日圓。然而，我們一般只會在同一時間持有兩或三個市場的部位。

因此，單位限制讓我們躲過許多虧損交易。最後出現信號的市場通常動能不足、移動得不夠遠，而且也很可能導致虧損。

風險估計法則

若想估計某一系統的風險、或持有某一部位的風險，最佳方法之一是觀察過去30到50年來的重大價格衝擊。看看以前這些悲慘日子、然後思考持有一組適當部位可能會發生什麼樣的情況，你就可以找出50%連續虧損時的風險金額，或者被砍倉的可能的金額。利用電腦模擬軟體，可輕易看出在這些歷

史價格衝擊時、你持有的部位應該是多少，以及這些部位會遭遇到什麼樣的連續虧損。

現在，再想想如果比以前更糟糕的情況發生會怎樣。設想這種事情也許讓你不自在，可是這種情況是有可能發生的，你得事先計畫一番。如果蓋達組織當初不是攻擊紐約世貿大樓、而是在曼哈頓別處丟下一顆核子炸彈，你的部位會有什麼後果呢？如果這類災難發生在東京、倫敦、或法蘭克福，又會是什麼樣的情形呢？

若發生空前的災難，任何積極投資者很可能會失去一切。當你聽聞100%以上的報酬率時，應該要謹記這一點。

第九章

海龜交易法的
基礎元件

別花時間去讚嘆雜誌介紹的花俏投資工具，先學
會如何善用基本方法。工具的大小並不重要，重要的
是你是否能將它們發揮得淋漓盡致。

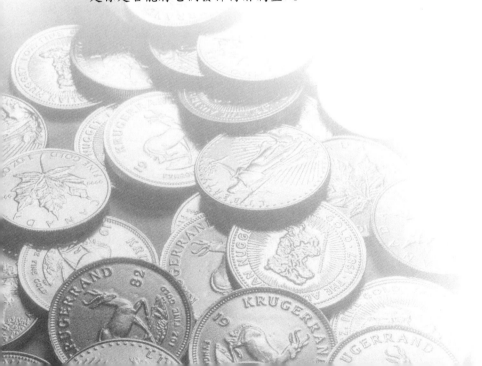

我們已經在第二章針對各種市場狀態稍做說明：靜態持平、動態持平、靜態趨勢及動態趨勢。我也說過，由於許多系統會在市場狀況不利於它時、要投資人出場靜待，因此，辨別市場狀態是交易必備技巧。

我把那些能夠顯示市場狀態的工具稱為基礎元件。有些基礎元件擁有具體名稱，像是指標、擺盪指標、和比率等，但我把它們放在更廣泛的類別。這些工具能夠顯示市場是否從持平狀態轉為趨勢狀態、或者，相反地，從趨勢回到持平狀態。簡單來說，它們顯示趨勢何時展開、何時結束。

對交易人來說有個壞消息：沒有永遠有效的基礎元件，沒有能夠輕易致富的秘密配方。我們充其量只能找出適當工具、幫助我們辨識出趨勢展開或結束的機會加大的時候。光是這樣，就已足夠，因為，只要是勝算稍微偏向你，就可能獲得豐厚收益（去問你常去的賭場經理就知道）。

基礎元件介紹

讓我們先從常見的順勢操作基礎元件開始介紹，其中也包括了我們在海龜計畫中所學到的工具。這些方法能找出趨勢何時可能展開、何時可能結束。這並非完整的介紹：你很容易就能在坊間找到許多著作，完整介紹那些能用來建立順勢操作系統的各種指標和系統規則。至於其他類型的交易方式，則又有其他更適合的基礎元件類別。不過，由於本書並非這方面的專

著，我就讓讀者自己練習去找出那些工具。本章將提出的基礎元件如下：

- **突破**（breakout）：是指價格漲破或跌破某特定天數的最高點或最低點。這是原始海龜系統所使用的主要工具。

- **移動平均**（moving averages）：是持續計算某特定天數的價格平均。之所以稱為移動平均，是因為每天計算，所以他們的數值會隨著新價格上升或下降。

- **波動通道**（volatility channels）：計算方式是，把根據衡量市場波動性的標準差或 ATR 等算出來的移動平均，再加上某一特定價值。

- **定時出場**（time-based exits）：這是最簡單的出場指標：在某一事先訂好的時間出場（例如 10 天後或 80 天後出場）。

- **簡單回溯**（simple lookbacks）：將目前價格與較早的某一歷史價格做比較。

我們會進一步介紹以上基礎元件，並說明如何把它們用於順勢操作系統。

突破

我們稍早談過突破、並證明他們的優勢。新高價位是一個趨勢可能展開的強烈指標。至於用來做為突破高點或低點的天數，則決定了你可能將進入的趨勢種類。較短的天數顯示短期趨勢展開的可能性。較長的天數則顯示長期趨勢展開的可能

性。突破若能與其它整體趨勢指標合併使用，則效果尤佳，像是唐奇安趨勢系統就是整體趨勢指標之一，它利用突破來找出進場信號和出場信號，並使用移動平均來顯示整體趨勢。

移動平均

移動平均是在某一天數當中，連續計算價格的平均數。移動平均的最簡單的種類、叫做簡單移動平均（simple moving average），就是某一特定天數的價格平均。十天收盤價移動平均值就是前十天收盤價的平均數，而 70 天高點移動平均，就是之前 70 天價格最高點的平均數。

其他還有一些比較複雜的移動平均，最常見的就是指數移動平均（exponential moving average）。計算方式是將某一比例的先前日平均、再加上某一比例的目前日平均。圖表 9-1 顯示兩種移動平均：20 天指數移動平均與 70 天指數移動平均。

圖中可看到，20 天移動平均線比較接近價格變化，並在 6 月中跨越較長天期的移動平均線，這顯示上揚趨勢展開。這是非常常見的系統進場：當短天期移動平均線越過長天期移動平均線時，交易便跟著前者的方向走。在本圖中，在 6 月上旬交會點出現時，應該進場做長線交易。

系統設計者與研究人員還提出其他許多不同的移動平均。他們額外增加的複雜性並不實用，而且出現曲線密合與不合實際的測試結果的可能性大幅增加。我們會在第十一章詳細介紹這項可能陷阱。

圖表 9-1　20 天和 70 天指數移動平均

SB（商品代號）：11 號糖──咖啡、糖、可可交易所

波動通道

　　波動通道是趨勢展開的極佳指標。如果價格超過某一移動平均後、又多上漲某一額度，就表示價格確定上揚。換句話說，它顯示一道趨勢可能已經展開。我們會在第十章介紹兩種以波動通道為基礎的系統。

　　圖表 9-2 顯示 80 天移動平均線以及移動通道上緣與下緣。從圖中可看到，價格多半位於通道中，只有到了圖形右邊，才跌出通道以外。你還可以看到，移動平均緩慢下跌，隨著價格走低而亦步亦趨。

圖表 9-2　波動通道移動平均

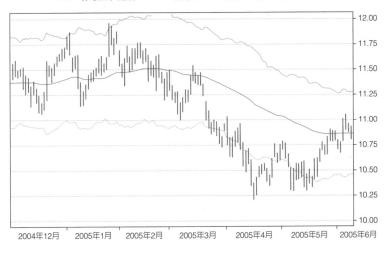

SB（商品代號）：11 號糖──咖啡、糖、可可交易所

Copyright 2006 Trading Blox, LLC. *版權所有*

定時出場

　　簡單的定時出場既有效又好用。它還能協助緩和因突破趨勢而造成的連續虧損。這是因為定時出場多半發生於移動平均或突破顯示連續虧損出現之前，這兩種指標都會更加緊密地跟著價格走勢。

簡單回溯

　　若思考順勢操作的基本標準，便能發展出更簡單的機制、來判斷趨勢是否可能展開。其中，有個方法效果還不錯，那就

是簡單地回顧某一天數之前的價格。你可以使用 ATR 這類以波動性為基礎的標準、將這些價格相加起來。例如，如果價格超過 100 天以前的價格達兩個平均真實價格區間（2ATR），就可以買進。

我們會在第十章探討幾個使用其他簡單回溯方法的系統。

還有呢？

多年來，人們發明出上百種指標。最近，由於科技的發達，交易人可輕易把他們的公式輸入程式，創造出屬於自己的指標，然後，每期新出版的交易雜誌就會刊登以這些指標為基礎的新指標和系統。想要進一步了解其他指標與系統基礎元件的讀者，可以參考本書書目。不過，在你過度研究之前，請聽我幾句建言。我用順勢操作為例，不過，我的忠告也適用於其他交易方法。

若市場開始上揚，遲早會引發順勢操作基礎元件所顯示的長線進場信號。所有基礎元件都可加以調整，讓他們較快或較慢做出反應。因此，不管你選擇哪一種指標，都可以建立出績效相近的系統。

我的忠告是：與其鑽研過去成效完美的新型指標，還不如把時間省下來做其他的事情。我建議你不妨試試以上提過的幾個基本元件所建立的簡單系統。我們會在第十章介紹幾個這類簡單的系統。

第十章

海龜交易法：
基礎教學

保持簡單。那些經過時間考驗的方法，只要徹底
執行，絕對能打敗那些花俏複雜的方法。

本章將介紹幾個海龜式交易系統，一般稱它們為長線順勢操作系統。這些系統如下：

- **ATR 通道突破系統**（ATR Channel Breakout）：使用 ATR 做為波動性衡量標準的波動通道系統。

- **波林格突破**（Bollinger Breakout）：使用標準差做為波動性衡量標準的波動通道系統。

- **唐奇安趨勢**（Donchian Trend）：有趨勢濾器的突破系統。

- **定時出場唐奇安通道**（Donchian Trend with Time Exit）：有趨勢濾器與定時出場的突破系統。

- **雙重移動平均**（Dual Moving Average）：本系統在較快速的移動平均線跨過較緩慢的移動平均線時、就會買進和賣出。本系統與其他系統最大的不同處是，無論是長線或短線，它一直留在市場上。

- **三重移動平均**（Triple Moving Average）：本系統在較快速的移動平均線跨過較緩慢的移動平均線時，會買進和賣出，但前提，移動方向要符合另一條非常緩慢的移動平均線所顯示的主要趨勢。

為比較這些系統的異同，我用電腦跑了一連串的歷史資料模擬，以了解過去十年來如果使用這些系統，將分別有多少獲利。本章會使用第七章討論過的幾個測量值，來比較每一個系統的績效。

要不要測試？

歷史測試又稱為績效回測（backtest），不少交易人不相信它，其中也不乏多位成功的交易專家。他們認為用歷史數據所做的測試之所以沒有用，是因為歷史不會重演。由於不少讀者對於這方面的討論不熟悉，因此我要花一點篇幅來說服你認同一件你也許認為不需解釋的事情。對那些不相信歷史測試的人，我有個問題：「你的替代方案是什麼？對過去不了解，要如何選定操作策略呢？你要如何判斷何時該買、何時該賣？全憑猜測嗎？」

你唯一擁有的資訊就是市場到目前為止的表現。就算你是不用任何規則或系統的隨意型交易人，還是會參考你個人在以往價格行為上的經驗。你靠的是你自己對於過去的詮釋；其實這就是倚賴歷史數據。

聰明的隨意型交易人在交易多年後，可根據自己的經驗發展出交易系統。他們留意到不斷重複的模式，可持續提供獲利契機。然後，他們就以把握這些機會為方向，來進行交易。交易新手會在實際下場之前，先鑽研好幾個月，才能夠了解市場過去的表現。他們這麼做，是因為他們知道，顯示市場未來表現的最可能徵兆、就隱藏在過去。

同樣的歷史數據，電腦的測試結果也許更可靠。電腦模擬讓交易人能在交易之前、對某一策略進行更為精確的分析。然後，交易人員常會發現那些看起來好像大有可為的構想、因為

某個出乎意料之外的因素，效果不如預期。使用電腦要比人工計算好多了。

有些交易人員不相信歷史模擬的原因，是因為有許多方式會扭曲績效回測。人們很容易用電腦找出似乎有效、但在實際市場中沒有效用的方法。這些問題是可以處理的，你所要做的，就是確實避免一個最常見的陷阱：過分樂觀。關於這個議題，我們會在第十一章詳細討論。

適當的歷史測試需要交易新手所沒有的經驗和技巧。不過，這就像你雖然不會把刀子拿給小孩玩，但不表示你在煮飯時，也不用刀。你只需要對這些利器格外小心即可。

歷史模擬並不預測你在未來交易中會有何遭遇，但能讓你判定某一做法是否能讓你在未來獲利。這雖然不是最理想的解決方案——水晶球或時光機的效果可能會更好——但卻是目前市場上最好的工具。

常見基礎元件

本章引用的測試，是使用常見的市場投資組合、以及常用資金管理演算系統，以便讓結果不受系統規則改變的影響。以下是這項測試中的各個變數。

市場

測試的市場組合包括澳幣、英鎊、玉米、可可、加幣、原

專家的迷思

「不要太過樂觀」的忠告來自於我和我的朋友所稱的專家的迷思。不幸的是，在多數專業領域中，真正了解的人其實非常有限。除了真專家以外，還有那些能在業界表現的偽專家，他們拼湊出許多知識，若你不是正牌專家，根本看不出來他們和真正的專家有什麼不同。這些偽專家能夠執業，但並不真正了解他們宣稱擁有專長的領域。

真專家沒有嚴謹死板的規則；他們了解專業領域中的一切，因此不需要死板的規則。

不過，偽專家因為不了解，所以往往觀察專家的做法、然後加以模仿。他們知道該怎麼做，但不知道為什麼要這麼做。因此，他們聆聽真專家的說法，然後創造出根本不必要的死板規則。

偽專家最明顯的特徵就是寫出晦澀難懂的文章。晦澀的文章來自於晦澀的思維。真專家能夠用清楚易懂的方式來解釋複雜的概念。

偽專家還有一個特性，就是他們知道如何應用複雜過程和技巧，而且在這方面受過良好訓練，可是，他們卻不了解那些技巧的極限何在。

舉個在交易上的好例子。假設有人能夠針對交易做出複雜的統計分析，她模擬出一千筆交易後，便宣稱得到可靠結論，事實上，她的分析數據可能只來自兩個禮拜的短期資料。這些人懂算數，但卻不了解，如果下個禮拜的市場和前兩個禮拜截然不同，那麼，算出來的結果根本沒有用。

不要把經驗和專業或智慧混為一談。

油、棉花、歐元、歐美元、餵養牛、黃金、銅、熱燃油、無鉛
汽油、日圓、咖啡、種牛、生豬、墨西哥披索、天然氣、黃
豆、糖、瑞士法郎、白銀、中期公債、長期公債和小麥。

我們從流動性市場中（高交易量）選出這些市場。有些流
動市場因為和其他流動性更高的市場相關性非常高，因此刪
除。我們決定把測試市場侷限在美國境內，因為許多歷史資料
供應商將國外市場資料分開出售。因此，有很多新手一開始只
交易美國市場，而我們也想讓我們的測試盡量簡化，以便讓其
他交易人能夠在他們的測試中複製出我們所得到的結果。

資金管理

我們所使用的資金管理演算系統與海龜使用的相同，不
過，我們使用的係數不似海龜那麼積極。我們將 1ATR 等於我
們交易淨值的 0.5%、而不是海龜所用的 1%。至於測試所使
用的合約張數，則是將淨值的 0.5% 除以下單時該市場 ATR 的
美元值。

測試天數

本測試所使用的資料來自於所有系統，從 1996 年 1 月至
2006 年 6 月。

系統

在揭露測試結果之前，讓我來詳細地說明各個系統。

ATR 通道突破

ATR 通道突破系統是使用平均真實區間做為波動性測量標準的波動通道系統。通道的上緣是將 350 天收盤價移動平均線再加上 7 個 ATR，下緣則是將該移動平均減去 3 個 ATR。如果前一天收盤價超過通道上緣，則隔天就可開盤做多；如果前一天收盤價掉到下緣之外，則進場做空。當收盤價又跨回移動平均時，就是出場時刻。

極佳擺盪指標（PGO, Pretty Good Oscillator）是 ATR 通道突破系統中、極受歡迎的一種，它之所以大受歡迎，要拜查克・勒波（Chuck LeBeau）的系統交易人俱樂部（System Trader's Club, www.traderclub.com）裡的馬克・強森（Mark Johnson）所賜。它同時也屬於波林格突破系統。圖表 10-1 顯示 ATR 通道突破系統的波動性通道。

位於中間的是 350 天移動平均線，上方則是將移動平均加上 7ATR 的波動性通道上緣。

波林格突破

查克・勒波和大衛・路卡斯（David Lucas）曾在他們1992 年的著作《期貨市場電腦技術分析指南》（*Technical*

圖表 10-1 ATR 通道突破系統

FC（交易代號）：餵養牛——芝加哥商品交易所

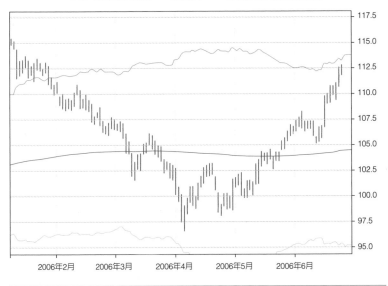

Copyright 2006 Trading Blox, LLC. 版權所有

Traders Guide to Computer Analysis of the Future Markets）介
紹過這個系統（使用不同天數來計算移動平均、與通道寬度的
標準差）。本系統的波林格區間是由 350 天收盤價移動平均分
別加減 2.5 的標準差而來。若前一天收盤價跨越區間上緣，則
進場做多；若前一天收盤價跌到區間之外，則進場做空。當價
格又跨回移動平均價，就是出場時刻。圖表 10-2 是波林格突
破系統的波動性通道圖。

圖表 10-2　波林格突破系統

SI（交易代號）：白銀──紐約商品期貨交易所

唐奇安趨勢

　　我們在第五章介紹過唐奇安趨勢系統，它是我們海龜所使用的簡化版。它用突破 20 日線為進場信號、突破 10 日線為出場信號，並納入 350 天／ 25 天的指數移動平均趨勢濾器。交易方向一定要與較快速的移動平均線相符。如果 25 天移動平均線位於 350 天平均線的上方，此時只能做多；若 25 天移動平均線位於 350 天平均線的下方，則只能做空。本系統也和原始的海龜系統一樣，使用 2-ATR 做為停損。圖表 10-3 顯示唐

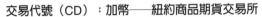

圖表 10-3　唐奇安趨勢系統

交易代號（CD）：加幣──紐約商品期貨交易所

奇安趨勢系統的突破帶與移動平均線。

　　緊靠著價格那條平滑的線是短天期移動平均線；最下方那條平滑的線是長天期移動平均線。本圖顯示長期趨勢正在發展當中，因此，此時只能做多。在價格上下方震盪的那條鋸齒狀的線是突破帶。最高點隨著價格的上漲也節節上升。請留意，價格上漲時，最低點並未緊密地跟著價格。

　　本圖顯示，4 月 10 日時，價格突破 3 月 7 日 0.6802 的前波最高點，此時應該進場做多。同時也請留意，之前 3 月底企圖突破此高點並未成功。這是顯示賣出的壓力線絕佳範例。價

格第二次又來到這個價位時，便成功突破，並且在沒有明顯拉回的情況下，直衝6分，來到 0.74。這次的強勁漲勢是因為已經沒有交易人願意在這個價位賣出，可是卻有人願意以較高價位買進。

定時出場的唐奇安趨勢系統

唐奇安趨勢系統還有另一種變化，叫做定時出場的唐奇安趨勢系統，它使用的是定時出場、而非突破出場。80天之後一定出場，沒有任何停損。有許多交易人堅稱進場不重要，只有出場才重要。本系統就是我對於這種說法的回應。當我們把這套系統的績效與其他系統的績效相比，就可以看出這個非常簡單的出場機制和其他複雜的出場有何不同。

雙重移動平均

這是套很簡單的系統，當100天移動平均線跨過較緩慢的350天移動平均線，就進場買賣。不管是做多還是做空，這套系統永遠留在市場上，這和其他系統不同。唯一的出場時間、就是當快速移動平均線跨越，此時便出場、同時進場反方向的新交易。圖表10-4為雙重移動平均系統的移動平均線位置。

100天移動平均線較接近價格走勢，當它在7月底越過價格時，就要進場做多。你也許看得出來，本系統是個極為長線的順勢操作系統，和其他系統相較起來，它的進出比較不頻繁。

圖表 10-4 雙重移動平均系統

SB（商品代號）： 11 號糖──咖啡、糖、可可交易所

三重移動平均

本系統使用三條移動平均線： 150 日、 250 日和 350 日移動平均線。當 150 天移動平均線越過較緩慢的 250 天移動平均線，就進場買賣。本系統使用較長的 350 天移動平均做為趨勢濾器。只有其他兩條移動平均線都和 350 天移動平均線位於價格的同一邊時，才能夠進場交易。如果前兩者在 350 天移動平均之上，就做多；在它下方則做空。

本系統和雙重移動平均不同，它並非一直留在市場。若150天移動平均線跨越250天移動平均線，就要出場。圖表10-5顯示三重移動平均系統的移動平均線位置。

最上方的是150天移動平均線，中間的是250天移動平均線，最下方則是350天移動平均線。你可以看到，本圖中的這三條線緩慢地跟隨價格走勢，而它的時間範圍和圖表10-4相同。當最上方的移動平均線向下跨越中間的平均線，就是本系統的出場信號。

▎圖表10-5　三重移動平均系統

SB（商品代號）：11號糖──咖啡、糖、可可交易所

進入下一章節之前，你先猜猜哪一套系統在這段測試期間的績效最佳？定時出場的績效會比正常突破出場的績效差多少呢？你猜，哪兩套系統會有最佳的 MAR 指數？三重移動平均系統的績效又會比雙重移動平均系統好多少呢？

結果出爐

我用我們的交易模擬軟體，也就是交易元件建立軟體（Trading Blox Builder）、針對相同的資料——資金管理、投資組合、測試開始和結束資料——測試了這六套系統。軟體分別使用每一套系統，將 1996 年 1 月到 2006 年 6 月的數據進行模擬。它模擬了每一筆交易，然後得到各系統的績效統計資料。表格 10-1 顯示這六套系統的最常見績效數據。

我第一次測試定時出場時，對於結果大為震驚。它們的績效要比我想像中好太多了，甚至比突破出場還要好。我們居然一直相信出場才是系統獲利多寡的重點。這顯示有勝算的進場足以左右整個系統的獲利能力。

另外也請注意，唐奇安系統的績效並不如其他系統。這顯示海龜計畫結束多年後，突破系統已經失去部分優勢。我相信主要原因是我在第十一章提出的交易人效應。

表格 10-1 中另一個明顯意外是雙重移動平均系統，它的績效居然要比更複雜的三重移動平均系統還要好。這個例子證明複雜的系統不一定比較好。

| 表格 10-1　歷史系統績效比較 | | | | | | | |

系統	CAGR%	MAR	夏普	交易筆數	W%	最大 DD	DD 長度
ATR CBO	49.5%	1.24	1.34	206	42.2%	39.9%	8.3
波林格 CBO	51.8%	1.52	1.52	130	54.6%	34.1%	7.8
唐奇安趨勢	29.4%	0.80	0.99	1.832	39.7%	36.7%	27.6
唐奇安定時	57.2%	1.31	1.35	746	58.3%	43.6%	12.1
雙重 MA	57.8%	1.82	1.55	210	39.5%	31.8%	8.3
三重 MA	48.1%	1.53	1.37	181	42.5%	31.3%	8.5

資料來源：Copyright 2006 Trading Blox, LLC. 版權所有
備註：CBO：通道突破；MA：移動平均；DD：連續虧損；W%：獲利
比。以上縮寫適用於本書其他表格。

　　這些都是非常基本的系統。其中三種——雙重移動平均系統、三重移動平均系統和唐奇安趨勢定時系統甚至沒有任何停損。這意味著它們違反了最重要的交易座右銘——「一定要設停損」——不過，它們經風險調整後的績效卻不下於其他系統、甚至還要更好。

加入停損

　　許多交易人對於完全沒有停損的做法感到不安。如果我們在雙重移動平均系統中加入停損，你認為會怎麼樣呢？許多人喜歡思索這樣的事情，他們會詢問朋友或請教有經驗的交易人。

圖表 10-6　停損對雙重移動平均系統的影響

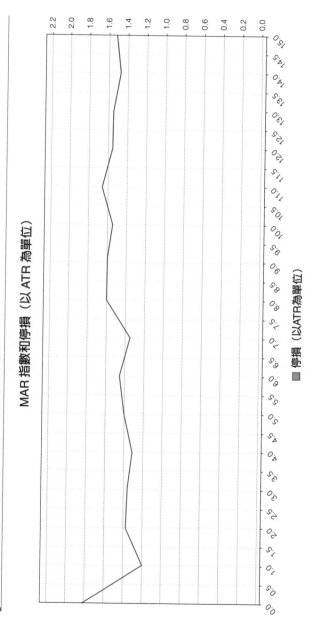

MAR 指數和停損（以 ATR 為單位）

■ 停損（以ATR為單位）

我個人偏好親自嘗試、從獲得具體答案後的自信中獲益。圖表 10-6 顯示進場後在各個係數的 ATR 使用停損的效果。

零表示完全沒有停損，而此時的 MAR 指數最佳。事實上，沒有停損的測試結果在所有衡量標準上皆出現較佳數值：CAGR%、MAR 指數、夏普指數、連續規損、連續虧損長度──每一項皆如此。三重移動平均系統也是一樣：加入停損後，每一項衡量標準的數值皆轉差。定時出場的唐奇安趨勢系統也是一樣，除非停損增為 10ATR 或更大的間距，結果才又和沒有停損時相同。這無疑違反了一定要設停損的廣泛信念。怎麼會這樣呢？專家不是教我們設停損對於保障資金非常重要嗎？為什麼加入停損後，連續虧損並未下降呢？

許多交易人認為他們最需要擔心的是出現一連串虧損交易的風險。對於交易只維持幾天的短線交易人也許是如此，但不一定適用於順勢操作者。對於順勢操作者來說，連續虧損同時還來自於多半出現在主要趨勢後的趨勢反轉。有時候，在趨勢反轉之後，市場上下震盪，交易難度大增。

海龜們知道，在趨勢當中放棄部分帳面獲利是順勢操作者交易的正常做法。我們知道我們也許會經歷大規模的連續虧損。不過，對於某些海龜而言，這是非常痛苦而難以割捨的，那些虧損最多的人更是如此。眼睜睜地看著獲利從帳面上消失，這是我們所使用的交易方式中、最難受的部份。

因此，引起順勢操作者連續虧損的、並非進場風險；而是吐回帳面獲利。我們會在第十一章更詳細討論這一點，現在，

先讓我們回到這些系統的測試結果上面。

結果再度出爐

　　還記得我們用 2006 年 6 月以前的數據來測試的那些系統嗎？我撰寫這本書時，又過了好幾個月。你可能會好奇，在這段期間內，我們的系統又出現哪些變化？

　　根據 2006 年 6 月以前的數據，你會選擇哪一個系統來交易？如果你可以選兩套系統，那麼，你的第二選擇是什麼呢？我後來又改變測時結束時間，延長到 2006 年 11 月，表格 10-2 顯示最新結果。

┃表格 10-2　截至 2006 年 11 月為止的歷史系統績效比較

系統	CAGR%	MAR	夏普	交易筆數	W%	最大 DD	DD 長度
ATR CBO	45.9%	1.15	1.27	216	43.1%	40.0%	8.3
波林格 CBO	49.2%	1.44	1.47	136	53.7%	34.1%	7.8
唐奇安趨勢	27.4%	0.75	0.94	1901	38.7%	38.7%	27.6
唐奇安定時	57.1%	1.31	1.34	773	59.1%	43.6%	12.1
雙重 MA	49.1%	1.04	1.34	222	36.9%	47.2%	8.3
三重 MA	41.2%	0.97	1.21	186	41.9%	42.3%	8.5

資料來源：Copyright 2006 Trading Blox, LLC. 版權所有

　　快速瀏覽 CAGR% 和 MAR 指數可看出，一般來說，順勢操作者在 2006 年下半年都不好過。下表中有趣的地方是所發生的變化。表格 10-3 顯示 CAGR% 和最大連續虧損所發生的變化。

　　怎麼了？結果怎麼會出現如此劇烈的變化？為什麼我們最棒的系統、連續虧損居然增加了 50%？為什麼當其他系統表現不佳時，使用最簡單出場機制的系統在最後五個月依然老神在在？交易人該如何建立出最符合期許的系統？換句話說，你該如何為某個系統的交易結果定出適合的期望值呢？

表格 10-3　截至 2006 年 6 月與節制 2006 年 11 月績效比較

系統	CAGR% 11/06	CAG% 06/06	Δ%	最大 DD 11/06	最大 DD 06/06	Δ%
ATR CBO	45.9%	49.5%	−7.3%	40.0%	39.9%	0.3%
波林格 CBO	49.2%	51.8%	−5.0%	34.1%	34.1%	0.0%
唐奇安趨勢	27.4%	29.4%	−6.8%	38.7%	36.7%	5.4%
唐奇安定時	57.1%	57.2%	−0.2%	43.6%	43.6%	0.0%
雙重 MA	49.1%	57.8%	−15.1%	47.2%	31.8%	48.4%
三重 MA	41.2%	48.1%	−14.3%	42.3%	31.3%	35.1%

資料來源：Copyright 2006 Trading Blox, LLC. 版權所有

　　這些問題為十一章提供了極佳引言，我們會檢視這些問題，讓你了解績效回測與實際交易結果有何不同，也會探討那些造成測試與實際交易結果差異的因素。

第十一章

要命的謊言與
績效回測

　　江湖術士和惡棍埋伏在黑暗角落，等著不設防的
無辜百姓。不要變成他們的犧牲品。

　　才短短五年的時間，巨石（Stonehenge Plus）系
統就讓 5,000 美元翻了好幾翻、變成 100 萬美元。這
套系統由史都朋德斯・馬尼夫可斯（Stupendus
Magnificus）所發明，這位美國太空總署（NASA）
科學家發現用火星探測車的方式來交易外匯。

　　它的準確性超過90％，十年來從來沒有一個月
份虧損過。我們只限量銷售 100 套。趕快把握良機，
一套只要 1,999 美元。

——某系統廠商的廣告

　　無論你已經進場交易、或者只是名列廣告郵寄名單、對交易有興趣者，都一定看過這樣的廣告。可是，購買者要小心：有許多不肖之徒使用不負責任的行銷手段、和不切實際的績效回測結果，向消費大眾兜售他們的最新發明。許多廠商他們都知道自己發展出的系統永遠不會達到廣告所稱的報酬率。許多人故意修改測試，讓他們的系統看起來比實際表現要佳。然而，不是所有廠商都如此沒有道德。還是有廠商真心相信他們的產品有效，可是卻不了解他們的基本方法有瑕疵；或者，不知道歷史測試的限制、以及使用歷史測試結果來預測未來績效的陷阱。當然，還是有廠商有辦法避免歷史測試的陷阱。不幸的是，這些廠商只占少數，而且，經驗不足的交易人很難分辨出哪些系統是從優良測試結果所發展而來、哪些則否。

　　就連交易老手也不大了解那些歷史模擬績效亮眼的系統、為何在實際操作時失去準頭。他們知道有這種現象的存在，於是盡量加以彌補，可是卻不了解它的起因。歷史測試結果和實際交易績效出現差異的主要原因有四：

- **交易人效應**：這個效應是指，某一方法在最近獲利甚多，其他交易人起而效尤，使用類似方法，讓該方法效果變差的機會大增。
- **隨機效應**：歷史測試所顯示的績效、可能要比隨機取樣的勝算還要佳。

- 最佳化悖論：在某一變數上所做的選擇、降低了績效回測本身的預測值，例如選擇 25 日移動均線、而不選 30 日移動均線。
- 過份符合或曲線符合：系統可能非常複雜，根本沒有預測值。因為把它和歷史數據調整到極為接近，市場行為稍加改變就會造成明顯較差的結果。

交易人效應

觀察者效應（observer effect）是物理學上的概念，是指測量某一現象的行為有時會影響該現象本身；觀察者藉由觀察的動作來干擾實驗。交易也會發生類似的情況：交易動作本身會改變市場狀況、影響原本預期會成功的交易結果。我把它叫做交易人效應。只要是持續重複的情況，很可能都會被許多市場參與者注意到。同樣的，最近以來績效亮麗的某一策略也會被許多交易人注意到。然而，如果太多交易人開始嘗試使用某一策略獲利，該策略的績效就會大打折扣。

以突破策略為例：如果你知道有許多大戶要在突破時進入某個流動性不佳的市場交易，你要如何從中獲利呢？你該使用什麼賺錢策略呢？

你可以搶在其他交易人之前下單，這麼做會拉高價格、引發其他交易大戶爭相下單。然後，你便可以把你的部位賣給他們，輕鬆獲利；實際上，你只是拉高價錢、占其他買家的便宜。

假設你是黃金期貨交易員。若你知道 ACME 將在 8 月黃金漲到 410.50 美元時大量買進 1,000 口，你能夠怎麼做呢？

如果你買得夠多，讓價格漲到他們的理想價位，就可以立刻將合約賣回。一方面，如果價格離這個價位還很遠，則也許你手上的資金不足以讓市場達到他們的購買水準。另一方面，如果價格已經很接近，假設目前價格為 408.00 美元，則一連串的買單會推升價格，讓 ACME 開始買進。

由於你會在買進後立刻賣出，因此得改變突破本身的涵義。在交易人效應出現之前，突破是指價格漲破壓力線，當突破發生時，價格很可能會繼續走高。不過，你刻意設計的新買單數量僅僅足以讓突破發生，突破的涵義已經改變。

讓我們使用範例來說明這個理論。假設沒有買家願意在 408.00 美元或更高價位買進，但若價格超過 409.00 美元，就有賣家願意買出 1,000 口，於是，這些賣單就會像天花板一樣，讓價格無法漲破 409.00 美元。在你的買單進入之前，市場絕不可能到達 410.50 元的價格，因此，突破永遠不會發生。也因此，以突破為基礎的系統等不到突破的發生，就不會進行交易。

現在，假設在相同的情況下，你進入市場以 409.00 美元的平均價格買進 1,000 口黃金期貨。在這個價格，已經沒有賣單，因此你得從賣價定在 411.00 美元的賣家手中再買進 100 口。這筆交易促使大戶開始買進，對方買進的同時，你便以 411.00 美元買出 1,000 口。儘管他慶幸自己買到好價錢，你才

是最大贏家。接下來，你只需要擺脫剩下的100口合約。由於現價已經沒有買家，你必須降低賣價，於是，你在407.00美元賣出這100口合約。你的虧損金額是4美元×100盎斯×100口合約，等於40,000美元，可是，你的獲利是2美元×100盎斯×1,000口合約，扣除虧損後，淨獲利160,000美元，這還不包括佣金。幾秒鐘之內有這樣的成績，相當不錯了。

至於ACME那些依靠突破勝算的交易人，又有什麼樣的命運呢？他們進場的原因和績效回測時不一樣，現在只能抱著龐大部位發愁。這就是交易人效應的結果。

多年前，實際發生一個類似案例。某一系統多年來一直維持亮麗績效，因此變得越來越受歡迎。許多交易人開始向客戶推薦這套系統。當時，我聽聞總共約有好幾億美元的資金用這套系統來交易。就在該系統的受歡迎程度到達頂點後不久，那些使用者開始遭遇到長期的連續虧損，其規模和持續長度是20年績效回測前所未見。這套系統有個重大瑕疵：如果收盤價超過某些水準，隔天開盤就會出現掛開盤價的買單或賣單。由於其他交易人知道這些價格水準會吸引這些買單或賣單，於是會在前一天以收盤價搶先進場。等到隔天一開盤，就立刻賣出這些部位，因為，在該系統的規範之下，一夜之間會累積極多買單，造成開盤大漲。

更糟糕的是，該系統創始人所使用的投資組合中，包括流動性極低的市場，如木材、丙烷等，只要極少的交易量，可能就會造成很大的價格變動，而且有許多使用這套系統的人都去

交易那些低流動性的市場。我非常確定該系統之所以突然出現連續虧損的原因之一，正是這類提早買進的動作，毀了該系統的優勢。基於這個原因，你最好自己發展一套系統，如此一來，其他交易人不知道你何時會買進或賣出，你的系統優勢就不會被交易人效應所摧毀。

我們為理奇交易時，常常會在同時間進場。當市場交易人開始接到我們大量的訂單時，都會知道這批訂單可能會持續湧入一陣子。因此，場內交易員和經紀商有時會搶在我們下單之前，先行推動市場。由於我們用的是限價單，風險大一點——這也是我們使用限價單的原因之一——因為若價格不符合條件，就無法成交。有時候我想買進，而且知道該市場很容易被那些預期我們即將下單的人操弄，此時，我就會送出反方向的假訂單。然後，如果市場移動，我就會取消原來的訂單，以更接近市場、甚或在賣方的價格下限價單。舉例來說，假設我想買 100 口，我可以先遞出一張假單。如果這張假單是在 415 美元賣出 100 口，而市場當時買價為 410 美元、賣價為 412 美元，這張訂單的出現，就會讓市場變為買價 405 美元、賣價 408 美元。然後，我再取消這張假限價單，遞出 410 美元買進的限價單，而它很可能以 408 美元或 410 美元成交，這正是我第一張訂單之前的原始買價。

我不常這麼做，因為我想讓其他交易人對我的做法摸不著頭緒。在某一方面來看，這就像是玩撲克時欺騙對手一樣。你不能每次欺騙，否則你就會被跟牌，不但謊言被拆穿、又輸了

賭注。然而，偶爾虛張聲勢對於你的賭博成績大有幫助，因為當有人跟牌、而你其實有一手好牌時，就有大勝的機會。你也可以用虛張聲勢來贏牌，這也能增加你的獲利。

偶爾欺騙能讓你的對手弄不清你的意圖。同樣的，對於任何想要知道理查‧丹尼斯交易秘訣的人來說，海龜的行徑讓他們摸不著頭緒。我們當中，有人使用小停損，有人使用大停損；有人在一突破時就買進，有人在突破之後才買進，有人則在突破之前就買進。我們大家在市場上製造出混亂與困惑，這也許幫助理奇本人增加成交的機會。

請留意，就算其他交易人無意搶先下單，也會有交易人效應出現。如果有太多交易人想要占某一市場現象的便宜，就會毀掉該現象的優勢，至少短期如此，因為他們的訂單會稀釋這項優勢的作用。套利時尤其如此，因為套利的優勢相對小得多。

隨機效應

多數交易人不了解隨機對於他們交易績效的影響程度，一般投資人在這方面所知就更少了。就連那些負責操作退休基金的投資老手都不了解這個效應的影響範圍。光是隨機事件就有可能產生極大影響。在歷史模擬中，若涵蓋隨機事件，就會嚴重影響模擬結果。本節將探討長線順勢操作領域中、完全由隨機效應所造成的機率範圍。

之前在討論優勢比的時候，我做過一項模擬，由電腦隨機

決定（與丟錢幣相同）以開盤價進場做空或做多。我創造出一套完整的系統，它把用丟錢幣來決定的隨機進場、和某固定天數（20天到120天）後的定時出場結合。然後，我拿第十章用來比較順勢操作策略的數據，做了100次測試。模擬中最佳的績效報酬率高達16.9％，能在十年半的測試期間內、將100萬美元變成550萬美元。最差的績效則是每年虧損20％。這顯示由隨機事件所影響的變動幅度極大。

如果我們加入一點優勢，會怎麼樣呢？如果把唐奇安趨勢系統所使用的趨勢濾器加入我們的系統，讓它更接近順勢操作系統，如此一來，雖然依舊隨機進場，但與主要趨勢同方向，會有什麼樣的結果呢？以上問題的答案很有趣，因為如果你檢視任何順勢操作基金的過去績效，就會發現有很大的變化。如果某一支基金的績效特別好，該基金的經理人就會說：「當然囉！這是因為優良的策略和執行所創造的成功。」其實，亮麗績效很可能只是隨機效應所致、而不是什麼優良的策略。若想了解這一點，不妨思考優勢存在時、隨機效應對於交易結果的影響範圍。

若在一套完全隨機的系統中加入一個有正數優勢的趨勢濾器，則100次測試的平均績效顯著提升。在我的模擬測試中，平均報酬率上升至32.46％、而平均連續虧損下降至43.74％。就算加入了趨勢濾器，每個單一測試結果差異仍舊很大。在100次的模擬測試中，最佳績效的報酬率是53.3％、 MAR指數為1.58、最大連續虧損是62.7％。最差績效的報酬率是

17.5%、連續虧損為 62.7%。

在交易人和基金的實際操作中，運氣或隨機效應對績效有重大影響，不過，交易高手不願向投資人承認這一點。舉例來說，基金投資人一定會先看好某基金的歷史績效，然後，預期會獲得相同水準的獲利。問題是，如果只看歷史績效，則完全無法看出策略一流但運氣一般、與策略一般但運氣一流兩者之間的差異。隨機效應影響太大太廣，無法找出確切答案。。

想想我們之前提到的 100 次測試中的最佳績效。如果有人交易不似海龜如此積極，假設積極度是海龜的 25%，那麼，此人的十年歷史績效就會有 25.7% 報酬率、連續虧損為 17.7%。我們都知道，交易中的勝算並非隨機出現，因此，隨機進場的交易人在未來不可能繼續維持相同的績效水準。不幸的是，對於那些只看歷史績效的投資人來說，在眾多的交易人當中，就會有些人運氣夠好，讓人覺得他們神通廣大，而事實上，這些人與其他交易人並無不同。

幸運基因

若想了解隨機效應，還有一個方式，就是觀察它們在自然界的存在情形。智力、身高、運動能力、歌唱能力——都是隨機效應造成的特質。如果你在某一特質上遺傳到好基因（也就是你的父母都擁有這項特質），那麼，不管程度是否相同，你還是比別人更有可能擁有這項特質。如果你的父母身高都高，你很可能也長得高，可是，若他們離平均身高越遠，則你就比

較可能比他們矮。

在遺傳學和統計上，這種現象叫做回歸平均（reversion to the mean）或回歸效應（regression effect）。雙親都長得高的人，也會遺傳到父母親兩人的高身高的基因，並獲得兩者的幸運結合。不過，擁有幸運基因的人只能傳遞他的基因，而不能傳遞他的運氣，因此，這些父母的小孩身高會比較接近平均，因為他們的小孩比較不可能擁有父母那種「幸運」的基因排列。

投資人的壞消息

若使用績效評量將好基金和績效不佳的基金分開，便很可能會遭遇隨機效應。原因是運氣好的平庸交易人要運氣壞的優秀交易人來的多。在 1,000 名交易人當中，頂多祇有五到六位真正優秀的交易高手。若這 1,000 名交易人當中，有八成都是平庸者，那麼，就有 800 人有機會獲得好運氣。如果有 2% 的交易人運氣夠好，能維持十年的優良績效紀錄——之前提到的測試結果顯示實際數字比 2% 還要高——這表示，就有 21 位交易人擁有亮麗操作績效，但其中只有四分之一是真正優秀的交易人。

運氣和時間

時間通常比較善待真正優秀的交易人、而非只靠運氣的交易人。如果有 16 位交易人走運十年，那麼，接下來的 15 年，他們的績效比較可能接近平均。相反的，如果你只看五年的績

效紀錄，表面上似乎優秀、實際只是運氣的交易員人數便急遽增加。這是因為評量時間較短，隨機效應便加重。

如果我們使用較短的時間範圍來進行測試，從 2003 年 1 月到 2006 年 6 月間短短三年半的時間，會出現什麼結果呢？在這段期間內，隨機進場系統的平均績效是 35% 的報酬率，MAR 指數為 1.06。其他系統表現要好多了。三重移動平均系統的報酬率是 48.5%，MAR 指數為 1.50。波林格突破系統的報酬率是 52.2%，MAR 指數為 1.54。雙重移動平均系統的報酬率是 49.7%，MAR 指數為 1.25。

至於隨機測試中，有多少幸運的交易人從 100 次模擬測試中脫穎而出呢？又有多少人全憑運氣就能打敗我們最棒的系統呢？100 次測試中，有 17 次的 MAR 指數超過 1.54；在這 17 次當中，有 7 次報酬率高於 52.2%。表現最佳的隨機交易人創下 71.4% 的報酬率，連續虧損為 34.5%，MAR 指數是 2.07。下次你再比較三年績效紀錄時，以上都是你必須思考的事情。

當你檢視短期歷史績效時，你應該要知道，全憑運氣的成分居多。如果你想知道某一位交易人是多數幸運的平庸者、還是真正優秀的高手，則你要檢視的不僅是績效紀錄，而要多著重紀錄背後的人。

好的投資人投資的是人、而非歷史績效。他們知道如何辨認能在未來創造利潤的個人特質，而且也知道如何辨認顯示平庸交易能力的特質。這是克服隨機效應的最佳方式。要偵測績效回測結果是由隨機效應、還是系統優勢所造成，其實相當容

易，這應該是那些進行歷史模擬的人的福音。我們會在第十二章介紹其做法，不過，現在先讓我們來看看績效回測結果不符合事實的另外兩項原因。

最佳化

有一種效應，我稱之為最佳化悖論，這是測試結果與實際結果出現差距的另一項原因。這項悖論引起極大混淆，特別是那些對於電腦模擬不熟悉的交易人。最佳化是使用某一系統交易時、選擇特定計算數值的過程。這些數字叫做參數。舉例來說，長天期移動平均的天數就是一個參數，而短天期移動平均的天數則是另一個參數。最佳化是找出最佳、最適宜的數字來做為這些參數。許多交易人認為最佳化是件壞事，因為它會導致曲線密合、出現差勁的績效。我認為這是胡說八道。

若能正確使用，則最佳化是件好事，因為能夠了解績效如何隨參數而改變，總比忽略它們要好。檢視績效如何隨參數而改變，能夠看出該績效是來自於隨機效應或曲線密合，還是真正來自於某系統的優勢。最佳化只是一個過程，讓人發現各種參數對於結果的影響，然後，使用這份資訊，來決定實際交易時應該使用哪一個參數。

之所以會有人認為最佳化不好或很危險，是因為他們不了解這個最佳化悖論，而且，他們看過不適當的最佳化造成統計上所謂過度符合的情況。

最佳化悖論

最佳化悖論是說，參數最佳化會讓系統比較可能在未來展現優良績效、但是比較不可能像模擬結果那麼亮麗。因此，最佳化增加系統績效優異的可能性，同時又降低歷史模擬數據的預測準確性。我認為許多交易人對於這個悖論了解不夠，害怕把系統過度最佳化或曲線密合，因此避免將系統最佳化。

適當使用最佳化所得來的參數值，應該能夠增加未來在實際交易時獲得優良績效的可能性。以波林格突破系統為例，該系統有兩個參數。圖表 11-1 顯示進場門檻參數（波動通道寬度）從 1 個標準差到 4 個標準差時，MAR 指數的變化。

請留意在本模擬當中，通道寬度為 2.4 個標準差時，MAR 指數到達頂點。凡是低於 2.4 或高於 2.4 的進場門檻，測試結果都會得到較低的 MAR 指數。

現在，回到最佳化是有利的這個前提上。假設我們未曾考慮將通道寬度最佳化，而是斷然指定通道寬度為 3，因為我們想起高中統計課教過，常態分配中，有 99% 以上的數值落在離平均數三個標準差之內。如果未來和過去很類似，則我們就會拿出更多資金，並且讓我們的交易經歷更大的連續虧損（遠大於 2.4 標準差的進場門檻所遇到的虧損程度）。為讓你了解兩者的差距有多大，請想想在十年半的測試期當中，在同一連續虧損下，2.4 標準差的獲利是 3.0 標準差的八倍，報酬率是 54.5%，而 3.0 標準差的報酬率只有 28.2%。

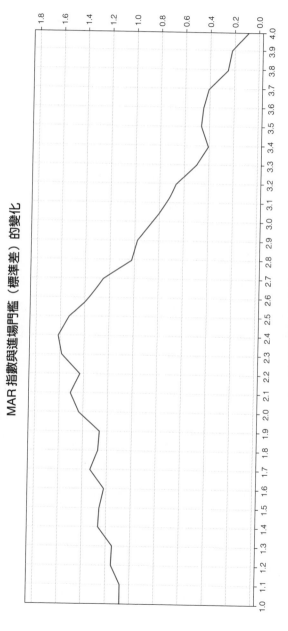

圖表 11-1 MAR 指數與進場門檻的變化

MAR 指數與進場門檻（標準差）的變化

■ 進場門檻（標準差）

　　不進行最佳化，等於是坐視不管，把一切交給機會。看過這項參數的影響後，我們便更加了解進場門檻參數和績效變化的關係，以及其結果是如何容易受到該參數的影響。我們知道，如果通道太窄，你得頻繁交易，這會損及績效；如果通道太寬，則你將一直等待、錯過許多趨勢所帶來的機會，這也會損及績效。只因害怕過度最佳化或曲線密合，就不做這項研究，你將因此喪失改善交易績效的大好機會，也無法看出哪些系統在未來有獲利潛力。以下段落將繼續介紹更多參數，你會看到隨著這些參數的改變，同樣也出現高峰形狀。

移動平均天數參數

　　圖表 11-2 顯示移動平均天數與 MAR 指數的變化情況，移動平均天數從 150 天到 500 天，形成波林格寬帶波動通道的中間部份。

　　請留意 MAR 指數在 350 天達到最高峰。凡是小於 350 或大於 350 的移動平均天數，測試結果都會得到較低的 MAR 指數。

　　圖表 11-1 顯示 MAR 指數與出場門檻參數的變化。出場門檻是決定出場時點的參數。稍早介紹波林格突破系統時提過，當收盤價越過通道中央的移動平均線時，就要出場。在本測驗中，我想了解如果該系統在越過前後出場，各是什麼情況。在多頭交易中，正數出場門檻是指移動平均線上方的標準差數字；在空頭交易中，則指移動平均線下方的標準差數字。若是負數值，則表示多頭交易時，位於移動平均線下方；而空頭交

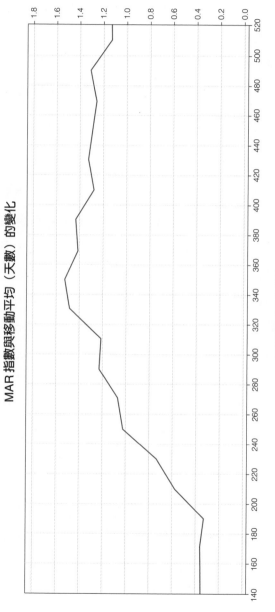

圖表 11-2　MAR 指數與移動平均的變化

MAR 指數與移動平均（天數）的變化

■ 移動平均（天數）

199

易時,位於移動平均線上方。參數為零則與原始系統一樣,在移動平均線上出場。

請看圖表 11-3,出場門檻從 –1.5 到 1.0。注意,本測試中的高點發生於參數為 –0.8 的時候。凡是小於 –0.8 或大於 –0.8 的數值,測試結果都會得到較低的 MAR 指數。

預測值基本概念

歷史測試顯示的預測值,可看出交易人可能會在未來遇到什麼樣的績效。未來與過去越類似,未來交易結果就會和歷史模擬結果越相近。用歷史測試來分析系統有個大問題,那就是未來永遠不會和過去完全相同。那些反映市場、不變的人類行為特質讓系統獲利,因此,可從過去合理地推斷未來,但絕對不會完全複製。用所有最佳化參數來進行的歷史測試結果表現出一組非常特定的交易:只有該系統在使用最佳參數之下才會出現的交易。模擬結果顯示過去的最佳狀況。

如果未來和過去完全相同,則實際交易中便可得到相同結果,但這種情況絕不會發生!現在,想想本章的所有圖表:每一份圖都成峰狀,有一個最高數值。任一參數所顯示的圖形都會像圖表 11-4 的形狀。

如果 A 點代表典型的非最佳化參數值、而 B 點代表一個最佳化參數,則我認為,B 代表一個較佳的交易參數值,可是,在未來實際交易的績效可能會比歷史測試所顯示的結果來得糟。

參數 A 是較差的交易參數值,可是卻有較佳的預測值,

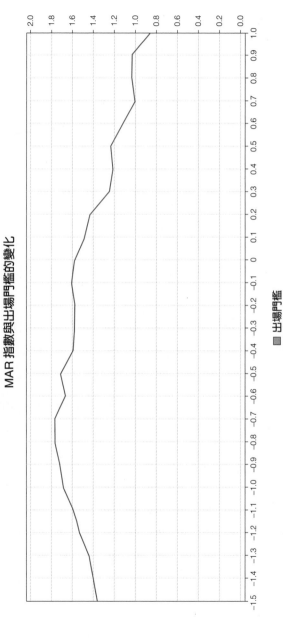

圖表 11-3 MAR 指數與出場門檻的變化

MAR 指數與出場門檻的變化

■ 出場門檻

Copyright 2006 Trading Blox, LLC. 版權所有

圖表 11-4　A 與 B 參數範例

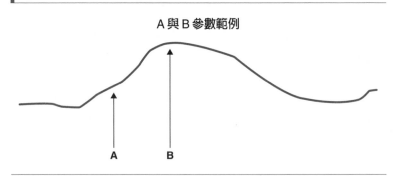

A 與 B 參數範例

　　因為，如果該系統用這個數值來交易，則未來實際交易績效很可能會比用 A 做為參數值所做的歷史測試結果來得好、也可能來得糟。

　　為什麼呢？解釋清楚一點，假設未來的變化會讓圖形稍微偏左或偏右，可是，我們不知道究竟是哪一邊。圖表 11-5 中，A 與 B 分別由左右兩邊的數值形成兩個區間，代表未來結果和過去可能的差異，我們將之稱為誤差界限（margin of error）。

　　以 A 數值來說，最佳參數值若向左偏，就會造成比 A 點更差的績效，向右偏則會造成比 A 點更好的績效。因此，無論未來如何變化，使用 A 參數值的測試結果都是個不錯的預測指標，因為它有可能低估未來、也有可能高估未來。

　　B 數值就不是如此了。只要有任何偏差出現，不管是往左或是往右，都會造成較差的績效（譯註：因為 B 已經是最高點）。這表示，用 B 做出的測試很可能會高估未來績效。當此

圖表 11-5　A 與 B 參數與邊際誤差

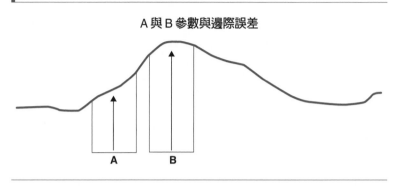

A 與 B 參數與邊際誤差

一效應混入了其他許多不同的參數，未來也會變得更不一樣。這意味著，有了許多最佳化的參數，未來就越來越不大可能像使用那些參數的測試結果如此樂觀。

　　這並不表示我們應該用 A 值來交易。就算出現極大的偏移，B 附近的數值仍舊高於 A 附近的數值。因此，就算最佳化降低了預測值，發生參數漂移時，你還是可以使用這些數值，因為它們比較能夠提供較佳結果。

　　最佳化悖論常被不肖人士用來進行詐騙。許多不擇手段的系統廠商透過最佳化、並縮短計算時間，來獲得非常高的報酬率和亮麗績效，他們知道，針對某一市場來做最佳化、如此得到的歷史結果不可能在實際交易中發生。然而，雖然在測試中進行最佳化會高估未來，但這並不表示我們就不應該做最佳化。事實上，最佳化是建立健全交易系統所不可或缺的一部分。

過度符合或曲線密合

不肖之徒還會使用其他方法來產生不切實際的歷史結果。最無恥的手段，就是故意過度符合或曲線密合他們的系統。過度符合常會與最佳悖論混淆，但它們其實涉及不同的問題。

過度符合發生於系統變得太過複雜時。我們可以對系統加入規則，以提升它的歷史績效，但前提是，那些規則對於重要交易影響甚小才行。加入那些規則會產生過度符合。在系統的淨值曲線中的重要區間所進行的交易尤其如此。舉例來說，讓你在接近高點時將大筆交易獲利了結的規則，絕對能夠提升績效，可是卻會變得過度符合、而無法適用在其他的情況。

我常看到系統廠商在績效不佳時，使用這個技巧來改善結果。有時候，他們會販售經過改良的系統，並把它們稱為原始系統的加強版或第二版。任何想要購買這類「改良」版的人，都應該先好好調查這些新加入的規則有沒有過度符合的問題。

我常發現設想極端狀況能幫助了解某一現象。讓我舉個例子，說明系統如何使用非常誇張的手段來過度符合數據。我拿個非常簡單的系統來說明，那就是雙重移動平均系統，然後加入一些規則，來過度符合原本的數據。

還記得這套系統在最後六個月經歷了非常嚴重的連續虧損嗎？因此，讓我來加入幾個規則，來修補連續虧損的問題，讓績效好看一點。當連續虧損達到某一門檻時，我會把我的部位降低某一百分比，然後，等到連續虧損結束，再恢復正常的大小。

　　要執行這個想法，讓我們在系統中加入一個新規則，用兩個新參數來進行最佳化：分別是部位減碼的額度、以及開始減碼的門檻。觀察我們的模擬淨值曲線，我決定，當連續虧損到達38%時，將部位減碼90%，應該可以限制我的連續虧損。這條新規則讓報酬率提高，從41%變為45.7%，而連續虧損則從56.0%降為39.2%，MAR指數從0.74變為1.17。你可能會想：「這是個很棒的規則；這套系統現在表現好多了。」不過，這完全是不對的！

　　問題出在整個測試中，使用這條規則的時機只有一次。它發生在測試即將結束的時候，而且，我利用對於淨值曲線的了解來編造這條規則，故意讓該系統更適合這批數據。「有什麼壞處呢？」你會問。看看圖表11-6的圖形，我們改變了連續虧損的門檻，並在此時降低部位。

　　你也許注意到，如果我們使用低於37%的連續虧損門檻，績效會突然滑落。事實上，連續虧損門檻只要每改變1%，就會讓每年45.7%的報酬率變成每年虧損0.4%。績效大幅滑落的原因是，1996年8月出現適用新規則的時機，於是我們大砍部位，致使系統無法賺得夠多利潤來彌補連續虧損造成的損失。也許這不是條好規則。它在第一個案例中發揮效用，只是因為那次的連續虧損已經接近測試末期。

　　交易人將這種現象稱為懸崖（cliff）。稍微修改參數值後，就造成懸崖般的大幅差距，這足以顯示你過度符合數據、而且實際交易結果絕對和測試結果極為懸殊。這也是為什麼最

海龜投資法則
Way of the Turtle

■圖表 11-6　MAR 指數與連續虧損門檻的變化

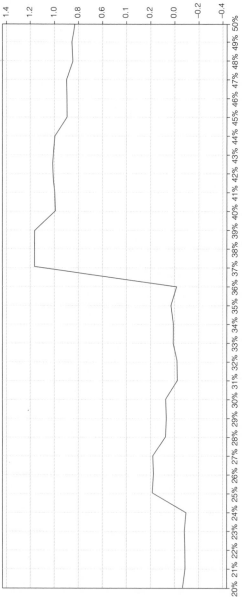

MAR 指數與連續虧損門檻的變化

■ 連續虧損門檻

佳化參數是件好事的另一原因：你可以看到懸崖是否出現，然後在實際交易之前，先行修補問題來源。

取樣大小的重要性

我曾在第二章稍微提過，人們往往會過分著重某一現象上的少數事件。其實在統計上，少數事件根本難以提供足夠資訊。這是過度符合的主要原因。無法發揮的規則會引起易被忽略的過度符合，造成積效回測和實際交易績效之間出現重大差異。

由於多數人從未思考過這些問題，因此在許多事件上都會出現這個問題。季節因素就是其中一例。假設有人拿十年的市場數據來測試季節因素的影響，由於測試期只有短短十年的時間，因此某一特定季節現象最多也不過只有十件案例。十件案例這個樣本，根本沒有什麼統計價值，因此，使用這批數據所做的任何測試結果，都無法成為未來表現的良好指標。

讓我們來想一個不考量這個觀念的規則，並使用電腦來找出過度符合這批數據的完美作法。你可能注意到，在好幾年當中，9 月的績效都不佳；於是，你便訂出一個規則，將 9 月的部位砍掉某一百分比。既然有電腦，於是你決定繼續找出是否還有其他表現不理想的月份、然後減少這些期間的持有部位。

我針對本章的系統做了這樣的測試。我用電腦跑了 4,000 次測試，在每個月初降低部位，然後將某一天數的部位減少某一百分比，當這段天數結束後，再回復原來的部位。十年的數

據中，我發現有兩個這樣的時期。如果將9月前兩天和7月前25天的部位砍掉96%，就會得到較佳的結果。

增加這條規則後，我們的報酬率變升高，從45.7%增為58.2%，連續虧損則從39.2%小幅升為39.4%，MAR指數從1.17變為1.47。一樣的，我們會想：「這是個很棒的規則；現在，我的系統表現好多了。」

不幸的是，這條規則之所以發揮效用，只因為過去這兩段期間出現重大的連續虧損，而不是因為這些時期有什麼神奇的事情發生。未來要在相同月份發生連續虧損是非常不可能的事情。這個案例顯示最糟糕的過度符合狀況，可是，竟然有許多聰明人落入這樣的陷阱，令人難以置信。

如果你不知道這一點，很可能以為系統已經夠好、可以開始交易。你甚至還會在親友間奔相走告、宣揚這套系統和它的績效是多麼的棒，鼓勵大家出資。問題是，這套系統的實際報酬率應該是41.4%而不是58.2%；連續虧損是56.0%而不是39.4%；MAR指數是0.74而不是1.48。實際績效一定會令你失望，因為吸引你的、只是曲線密合的亮麗假象。

下一章，我們會探討如何避免本章所提到的問題。我會說明如何縮小交易人效應的衝擊、找出隨機效應、適度最佳化、以及避免對歷史數據過度密合，以便判定某一系統能實際創造出什麼樣的成績。

第十二章

穩固的基礎

用差勁的方法來交易，就像是暴風雨中站在小船上練習變戲法一樣。當然，還是可以做得到，只是如果能站在平穩的地面上，變起戲法就容易多了。

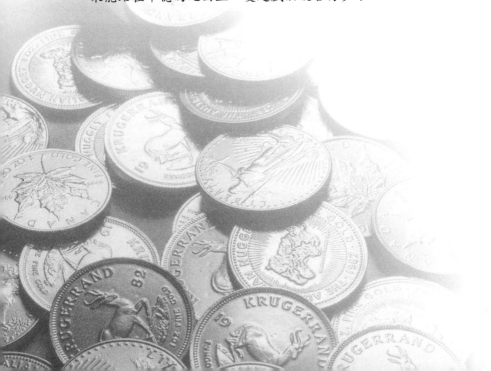

現在，你已經知道績效回測出現錯誤結果的幾個重大原因，你也許會想：「我該如何判斷實際操作時會有什麼樣的績效呢？」或者「我該如何避免第十一章所提到的問題呢？」或者「我該如何正確地進行測試呢？」本章將討論如何進行適當績效回測的大原則。在閱讀本章之前，一定要先徹底了解第十一章所討論的績效回測預測錯誤的背後原因，如果你之前只是快速瀏覽，現在最好先回到前一章，仔細地重新閱讀一遍。

從歷史模擬結果中，充其量只能對未來有個粗略概念。不過，對於優良的交易人來說，粗淺的概念就已經可以提供足夠優勢，讓他們賺大錢。為了解有哪些因素會影響誤差界限、或粗糙程度（degree of roughness），你需要先了解幾個做為歷史測試基礎的基本統計觀念。由於我個人對於充滿公式與冗長解釋的書籍沒什麼興趣，所以我僅帶過一點數學概念、讓說明淺顯易懂。

測試的統計基礎

適當的測試會考慮統計的概念，這些概念影響測試的預測能力及限制。不當的測試會讓你過分自信，其實你根本難以保證測試結果是否有任何預測價值。事實上，不當的測試可能提供完全錯誤的答案。

歷史模擬頂多只是對未來的粗略預測，至於為何如此，第十一章已經提出許多原因。本章將說明如何提高測試的預測

力、盡量獲得最佳的粗略預測。

從母體取樣進行推測的統計領域、同時也是歷史測試預測力的基礎。基本概念是如果你的樣本夠大，那麼，你便能夠拿樣本得到的結果、來推測整個母體的結果範圍。因此，如果你拿一份很大的樣本來研究某一策略，便能夠對於該策略的未來可能績效做出結論。這就和民意調查人員用來推測大眾行為所使用的統計理論是一樣的。例如，民意調查人員從每一州隨機抽樣 500 人來進行調查，便能夠對美國選民的意見做出結論。同樣的，科學家從一群為數不多的受試者、來研究某一疾病的治療法，就可以評估某一種新藥的療效，因為這個推論是有統計基礎的。

從母體抽樣來推論的做法，有兩個主要因素會影響統計有效性，分別是樣本大小、以及該樣本能代表全體的程度是多少。許多交易人和新系統測試者只明白樣本大小的理論，但卻以為它指的只是測試中的交易筆數。他們不了解，如果某些規則或概念只適用於少數情況，則就算測試了上千筆交易，測試的統計有效性還是會降低。

他們也常忽略了樣本必須能夠代表母體的這個必要性，因為，沒有客觀分析，則很難去衡量這一點。系統測試者的基本假設是：過去能夠代表未來可能會出現的狀況。如果真是這樣，而且又有夠大的樣本，那麼我們就可以為過去做出推斷，然後應用在未來。如果樣本無法代表未來，測試就毫無用處，當然也無法告訴我們系統在未來的可能績效。因此，這個假設

很重要。如果使用具代表性的樣本，則 500 人的樣本足以顯示誰可望當選總統、誤差範圍為 2%，那麼，從民主黨國家大會上找 500 位受訪人進行民意測驗，是否能看出全國人民的投票取向呢？當然不行，因為樣本無法代表全國人口——它只涵蓋民主黨員，而實際的投票人口還有許多未被納入樣本的共和黨員；共和黨員也許要投給不同的候選人。當你犯下這類的取樣錯誤時，你得到的只是一個答案，甚至也許是你想要的答案，但它不一定是正確的答案。

樣本要實際反映與議題相關的全部人口，這是個關鍵問題，民意測驗專家了解這一點。用不具代表性的樣本所進行的民意調查是不正確的，而不正確的民意調查會讓民意測驗人員遭到革職。在交易領域，這也是個關鍵問題。不幸的是，多數交易人員並不像民意測驗人員那麼了解抽樣統計學。最佳例證，就是交易人經常只根據最近的市場資料來紙上談兵或進行績效回測，這就像是在民主黨大會上進行總統選舉民意調查一樣。

從極短的時間來做測試的最大問題是，市場可能只出現第二章提到的市場狀態中的一、兩種，也許只有穩定和動態，在這兩種狀態中，回歸平均（reversion to the mean）和逆勢操作的效果很好。如果市場狀態改變，測試的方法也許就會失靈。甚至會讓交易人虧損。因此，進行測試的時候，一定要盡量讓模擬交易能代表未來狀況。

現存測量值不夠穩健

你企圖從測試中了解相對績效，找出未來可能績效並判定某一觀念是否實用。這個過程有個問題，那就是業界一般接受的績效測量值不夠可靠——他們不夠穩健。因此，要評估某一觀念的相對實用性就更加困難了，因為，只要在幾筆交易上稍做改變，就可能嚴重影響這些不穩健的測量值。測量值不穩健，可能會產生某一觀念的實用性被高估、或是因為比不上使用更穩健值所得到的結果，而被人魯莽地丟棄。

如果將一小部分的資料稍加改變，而對統計量沒有重大影響，則該統計量就算可靠。現存的測量值對於資料改變太過敏感、太浮動。也因如此，研究交易系統時，進行歷史模擬，稍微改變參數值，就會在某些數值上出現大幅變化；這些測量值本身不夠穩健（也就是說，它們對於少部分資料太過敏感）。只要能影響這一小部分資料的因素，就會大大影響結果。如此一來，人們很容易因為這些不符合現實的結果而過度符合或自欺欺人。測試海龜交易法的第一步，就是先解決這個問題，找出夠穩健、夠可靠、又不會對小部分資料太過敏感的績效測量值。

比爾·艾克哈特在我申請加入海龜計畫的首次面談中，問到一個問題：「你知不知道什麼是穩健的統計評估計量？」我呆望幾秒後坦承：「我不知道。」（我現在知道答案了。數學中，有一分支是企圖處理不完美資訊和粗劣假設；叫做穩健統計。）

　　從比爾所提出的這個問題中，明顯可看出他非常關心根據歷史資料進行測試和研究的不完美本性，以及無論在當時或現在，人們對於未知皆不甚了解。我認為，多年來比爾的交易績效之所以始終保持水準，這正是原因之一。

　　此外，這件事情也證明理奇和比爾的研究和思維遠超過其他同業。我從他們身上學到越多，就越尊敬他們對於期貨投資界的貢獻。和理奇與比爾早在 1983 年所得到的精闢理解相比，今日的投資界並沒有進步多少，這一點令我相當驚訝。

穩健的績效測量值

　　稍早我們用過 MAR 指數、 CAGR 比和夏普指數做為比較績效的測量值。這些測量值並不穩健，因為他們對於測試的起始日和截止日相當敏感。若測試期少於十年，則更是如此。想想看，如果我們把測試起始日和截止日調整幾個月會怎麼樣。為說明這個效應，且讓我們把起始日從 1996 年 1 月 1 日延後一個月，變成 2 月 1 日，截止日從 2006 年 6 月 30 日提早二個月，改為 4 月 30 日。

　　用原始期間來測試三重移動平均系統、所得到的報酬率是43.2%、 MAR 指數為 1.39、夏普指數為 1.25。用改變後的起始日與截止日來測試，則報酬率是 46.2%、 MAR 指數為1.61、夏普指數則增為 1.37。用原始期間來測試 ATR 通道突破系統，則得到 51.7% 的報酬率， MAR 指數為 1.31、夏普指

數是 1.39。用改變後的期間來測試，則報酬率攀升至
54.9%，MAR 指數增為 1.49，夏普指數則增為 1.47。

以上三組測量值之所以如此敏感，是因為 MAR 指數和夏
普指數都是用報酬做為計算分子，而至於報酬，不管是用
MAR 所顯示的 CAGR% 還是用夏普指數所顯示的月平均報
酬，對於起始日和截止日都非常敏感。如果最大連續虧損發生
在測試起始或截止日附近，則最大連續虧損對於起始日和截止
日也很敏感。由於組成 MAR 的兩項要素對於起始日和截止日
都很敏感，因此 MAR 本身便特別敏感；因此，在計算這項指
數時，任何改變都會產生乘數效應。

CAGR 比之所以對起始日和截止日都很敏感，是因為它表
示對數圖中、測試起始日到截止日那條平滑線的斜度；若改變
起始日和截止日，也會大大改變這條線的斜度。圖表 12-1 顯
示此效應。

圖表 12-1　起始日和截止日對 CAGR% 的影響

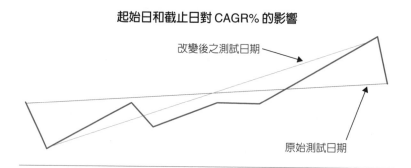

起始日和截止日對 CAGR% 的影響

改變後之測試日期

原始測試日期

　　請注意，標有「改變後之測試日期」的那條線的斜度要大於標有「原始測試日期」那條線。在上述範例中，測試時期剛開始、也就是在 1996 年 1 月期間發生了連續虧損；在測試期間的最後兩個月：2006 年 5 月和 6 月，也出現連續虧損。因此，若將測試期稍加更動幾個月，就能夠把這些連續虧損排除在外。這和圖表 12-1 所顯示的效應是一樣的：移除開頭或結尾，都能增加 CAGR 比的斜度。

回歸年報酬率（regressed annual return, RAR%）

　　對於斜率，有個更好的測量值，那就是在每條線各點簡單地進行線性迴歸（linear regression）。我要特別告訴那些不喜歡數學的讀者，線性迴歸不過就是最適合線（best fit line）的別稱。想要了解這一點，最好是把它想成一條經過所有點中央的直線，就像是你從兩端拉直圖形，在不改變圖形整體方向的情況下，拉平所有突起的部份。

　　線性迴歸線及其代表的報酬率創造出一個新的測量值，我把它稱為回歸年報酬率，簡稱 RAR%。這項測量值對於測試的起始日和截止日敏感度低了許多。圖表 12-2 顯示，當 RAR% 兩端日期改變時，直線的斜度變化並不大。

　　和之前所做的測試比較起來，可看出這兩條 RAR% 線的斜度相對接近許多，顯示 RAR% 對於測試日期的敏感度較低。原始測試日期的 RAR% 為 54.67%，而改變日期後，所得

圖表 12-2　起始日和截止日對 RAR% 的影響

起始日和截止日對 RAR% 的影響

改變後之測試日期

原始測試日期

到的 RAR% 為 54.78%，只高了 0.11%。而之前的 CAGR%，則從原來的 43.2% 變成 46.2%，高出 3.0%。在這項測試中，CAGR% 對於起始日和截止日的敏感程度幾乎高出了 30 倍。

夏普指數中使用的月平均報酬對於日期的改變也非常敏感，若我們將測試期表現不佳的最後三個月從測試中刪除，則平均報酬率便受到影響，不過，受影響程度還是不如 CAGR%。如此看來，RAR% 更適合用來當分子。

之前也提過，計算 MAR 指數的最大連續虧損對於起始日和截止日也非常敏感。如果最大連續虧損發生在測試期前端或末端，則績效測量值 MAR 將受到相當大的影響。最大連續虧損是淨值曲線上的一點，因此，你會漏失很重要的額外資訊。更好的測量值應該要涵蓋更多的連續規損。一個系統若包含 32%、34%、35%、35% 與 36% 等五個大型連續虧損，則交易起來要比包含 20%、25%、26%、29% 和 36% 的連續虧損困難多了。

此外，連續虧損的規模只是其中一個層面： 30% 的連續虧損不一定都一模一樣。如果連續虧損只持續兩個月，然後立刻回漲創下新高，總比持續兩年後才創下新高要好多了。回升時間或連續虧損本身的持續時間也是非常重要的。

4R 指數（R-cubed）：新的風險／報酬測量值

我將以上所有因素列入考量，創造了一套新的風險／報酬測量值，我把它稱為穩健風險／報酬指數（robust risk/reward ratio, RRRR）。我還喜歡叫它做 4R 指數，因為我當過電腦工程師，我喜歡做這樣的事情。4R 指數用 RAR% 做為分子，分母則是一個新的測量值，我把它稱為調整過長度的平均最大連續虧損。在這項測量值中，有兩個部分：平均最大連續虧損和長度調整。

平均最大連續虧損的算法，是把最大的五個連續虧損加總，然後除以 5。長度調整則是將平均最大連續虧損的持續天數除以 365，然後再乘以平均最大連續虧損。平均最大連續虧損長度也是使用相同的算法，也就是說，把最長的五個連續虧損加總，然後除以 5 。因此，如果 RAR% 是 50%，平均最大連續虧損是 25%，而平均最大連續虧損長度是一年，也就是 365 天，那麼，你的 4R 指數就是 2.0： 50% ／（25% × 365 ／ 365）。4R 指數是風險／報酬測量值，它同時從嚴重性和持續長度來考量風險程度，而且使用對於起始日和截止日較不敏

感的測量值。它遠比 MAR 指數來得穩健；也就是說，當測試中發生小幅改變時，它比較不會跟著改變。

穩健夏普指數（R-Sharpe）

穩健夏普指數是將 RAR% 除以月報酬率的年化標準差。這項測量值對於資料變化比較不那麼敏感，原因和上述所說的 RAR% 不似 CAGR% 那麼敏感是一樣的。表格 12-1 顯示穩健測量值對於測試期的開端和末端日期變化比較不敏感。

如表格 12-1 所示，穩健測量值對於改變不似現存的測量值那麼敏感。4R 指數會因大規模連續虧損的加入或移除而受到

┃表格 12-1　一般測量值與穩健測量值

一般測量值	測試期從 01/96 到 06/06	測試期從 02/96 到 04/06	Δ%
CAGR%	51.7%	54.4%	5.2%
MAR 指數	1.31	1.47	12.2%
夏普指數	1.39	1.46	5%

穩健般測量值	測試期從 01/96 到 06/06	測試期從 02/96 到 04/06	Δ%
RAR%	54.7%	4.9%	0.4%
4R 指數	3.31	3.63	9.7%
R－夏普指數	1.58	1.6	1.3%

影響，但敏感度不如 MAR 指數。若使用 4R 指數，則單一連續
虧損的影響會在平均過程中被稀釋。穩健版受測試資料變化的
影響、皆不如一般版來得巨大。如果本測驗未修改最大連續虧
損，則 4R 指數的變化就會像 RAR% 一樣是 0.4%，而各測量值
之間的差距就會變得更大，MAR 會有 5.2% 的變化（它的分子
CAGR% 也是一樣），而 4R 指數就會有 0.4% 的變化。

　　若想了解穩健測量值較能經得起資料變化的考驗，則可以
比較第七章提到的六大基本系統的績效。還記得嗎，當我們加
入 2006 年 7 月到 11 月這五個月的資料以後，績效大幅下滑。
表格 12-2 和 12-3 顯示在最後七個月市場表現低迷的時候，穩
健測量值還是比較能夠經得起考驗。

　　表格 12-2 顯示這六大系統的 RAR% 變化和 CAGR% 變化。

▌表格 12-2　CAGR% 和 RAR% 的穩健度

系統	CAGR% 06/06	11/06	Δ%	RAR% 11/06	11/06	Δ%
ATR 通道突破	52.4%	48.7%	−7.0%	54.7%	55.0%	0.5%
波林格通道突破	40.7%	36.7%	−9.8%	40.4%	40.7%	0.6%
唐奇安趨勢	27.2%	25.8%	−5.2%	28.0%	26.7%	−4.6%
唐奇安訂時	47.2%	4%	−0.4%	45.4%	44.8%	−1.4%
雙重移動平均	50.3%	42.4%	−15.7%	55.0%	53.6%	−2.6%
三重移動平均	41.6%	36.0%	−13.5%	41.3%	40.8%	−1.2%
平均 Δ			−8.6%			−1.4%

測試期間改變後，RAR% 的變動只有 CAGR% 的六分之一。這顯示 RAR% 測量值要比 CAGR% 穩健許多，在實際交易上，RAR% 也會比較穩定。風險／報酬測量值 4R 指數和較不穩健的 MAR 指數兩者的比較情況也是一樣。表格 12-3 列出這六大系統的 4R 指數和 MAR 指數變化。

測試期間改變後，4R 指數的變動只有 MAR 指數的一半。

和不穩健的測量值比起來，穩健測量值也比較不會跟著運氣而起伏。例如，若有某位交易人因為去渡假而剛好躲過了某類交易上的大型連續虧損，則和同業比起來，他就會擁有比較高的 MAR 指數；可是，從 4R 指數還是可以看出端倪，因為單一事件對於 4R 指數的影響較不那麼大。使用不穩健的側量值時，你所獲得的結果很可能是來自於缺乏資訊，而不能看出

表格 12-3　4R 指數和 MAR 指數的穩健度

系統	MAR 指數			4R 指數		
	06/06	11/06	Δ%	11/06	11/06	Δ%
ATR 通道突破	1.35	1.25	−7.4%	3.72	3.67	−1.4%
波林格通道突破	1.29	1.17	−9.3%	3.48	3.31	−4.9%
唐奇安趨勢	0.76	0.72	−5.3%	1.32	1.17	−11.4%
唐奇安訂時	1.17	1.17	−0.0%	2.15	2.09	−2.8%
雙重移動平均	1.29	0.77	−40.3%	4.69	3.96	−15.6%
三重移動平均	1.32	0.86	−34.9%	3.27	2.87	−12.2%
平均 Δ			−16.2%			−8.0%

交易者績效的重複市場行為，這也是我們應該使用穩健測量值的另一原因。

使用穩健測量值還能夠幫助避免過渡符合，因為它們比較不可能因為少數事件就出現劇烈變化。回想我們討論過度符合時，為改善雙重移動平均系統績效而加入規則的情況。我們加入新規則、大砍連續虧損規模之後，讓 CAGR％ 從 41.4％ 增為 45.7％（增加 10.3％），而 MAR 指數則從 0.74 增為 1.17（60％）。相反的，穩健測量值 RAR％ 只從 53.5％ 增為 53.75％，僅小幅增加 0.4％；同樣的，穩健的風險／報酬測量值 4R 指數也只從 3.29 變為 3.86，增加了 17.3％。穩健測量值不會因為少數交易出現變化而出現重大改變。因此，由於曲線密合只讓少數交易獲益，當你使用穩健測量值時，就比較不會從曲線密合中看到績效出現大幅改善。

讓我們看看在預測系統未來績效時，還有其他哪些因素會影響績效回測的可靠性。

代表性樣本

我們的樣本交易和測試結果是否具未來代表性，有兩大決定因素：

- **市場數**：測試的市場越多，就越可能納入市場各種波動與趨勢狀況。

- **測試為期**：跨較長時期的測試，較能夠納入更多市場狀況，也比較可能涵蓋足以代表未來的過去時段。

我建議你把能夠取得的所有歷史資料都納入測試對象。如果你因為沒有使用足夠的市場或足夠時間來徹底測試某一系統、就以為它能夠奏效，貿然使用後的損失、要比花錢購買足夠資料要昂貴多了。如果系統遇到某一市場狀況而失靈，而這個狀況在過去 20 年來出現過三、四次，卻不在你的測試當中，你難道不會覺得很氣餒嗎？

年輕的交易人特別容易犯這種錯誤。他們以為他們看過的狀況足以代表全部。他們通常不知道市場會經過不同階段、隨時間而改變，然後往往再回到之前出現過的狀況。交易也和人生一樣，年輕人常常無法理解研讀歷史的價值。要年輕，不要愚蠢，請研讀歷史。

還記得網路熱潮時，每個人都是當日沖銷交易員，都是天才嗎？當他們的成功方法失靈時，又有多少天才存活下來呢？如果他們做過測試，就會了解他們的方法只能在熱潮中的某一市場狀況下發揮效用，當那些狀況不復存在時，就應該停止使用。或者，他們就會採取適用於各種狀況的穩健方法。

樣本大小

樣本大小的觀念很簡單：你需要夠大的樣本，才能做出有

效的統計推論。樣本越小，用那些推論進行的猜測就越粗糙；樣本越大，用那些推論來進行的猜測就越適宜。小於 20 的樣本會產生極大程度的錯誤。大於 100 的樣本則比較可能具有預測價值。對於多數測試來說，幾百筆的樣本應該已經足夠。有許多專門的公式和方法能告訴你多大的樣本才夠，但不幸的是，這些公式不適用於交易所使用的資料種類，在交易上，我們並沒有像圖表 4-3 女性身高分佈這樣的完美圖形。

　　不過，真正的挑戰並非決定需要多少樣本。若是某一規則的適用條件極為罕見，此時要評估從過去資料所得來的推論就會有困難。因此，若設定了這類條件，則絕對無法取得夠大的樣本。以價格泡沫化末期的市場行為為例，你想出特別用於這類市場狀況的規則，甚至進行測試，可是，你不會有夠大的樣本來供你做決定。在這類情況下，我們必須了解，若樣本不夠大，則測試不會有任何效用。我之前提出的季節性趨勢也是會出問題的領域。

　　在測試某一系統的新規則時，你必須設法測量出這條規則會影響結果的次數。如果在整個測試中，該規則只發揮影響力四次，則你沒有統計基礎來決定這項規則是否有幫助。它很可能只是隨機出現。要解決這個問題有個方法，那就是設法將這項規則廣義化，讓它更常發揮效用；這將能增加樣本大小，也能提升測試對於這條規則的統計敘述價值。

　　有兩種做法會讓小型樣本的問題更加惡化：單一市場最佳化、和建立過度複雜的系統。

- **單一市場最佳化**：各別市場單獨進行的最佳化法很難用足夠的樣本來進行測試，因為單一市場所提供的交易機會並不多。

- **複雜系統**：複雜系統有諸多規則，而且有時很難決定某一規則發揮影響的次數、或者影響的程度。因此，使用複雜系統所進行的測試很難獲得可靠的統計敘述價值。

基於以上原因，我不建議將單一市場最佳化，寧可採取具有較強統計意涵的簡單概念。

回到未來

在這方面，也許最有趣的問題是：你要如何判定實際交易時、可能創造出什麼樣的績效？

想要獲得合理的答案，得先了解影響績效下滑的因素、穩健測量值的重要、以及有足夠規模的代表性樣本的必要性。對以上各項有了充分了解之後，就可以開始思考市場偏移和改變的可能影響，也會了解就算是交易老手所創造的絕佳系統，操作績效也會上下波動。事實是，你不知道也無法預測某一系統將有什麼樣的表現。你所能做的，就是使用能提供合理價值範圍的工具，以及影響這些價值的因素。

幸運系統

若某一系統在近期表現特別亮麗,則可能是運氣好,或者是最近市場狀況特別適合該系統。一般來說,表現良好的系統通常會在好時機之後遭遇壞時機。不要指望這個幸運的績效會在未來再度出現,你很可能會遇到一段表現不佳的時期。

參數重組

在考慮使用某一系統來交易之前,不妨先做個練習,我把它稱為參數重組。挑出幾個系統參數,然後大幅改變一番,如改為原來數值的20%到25%。從圖表12-1和12-2中的最佳化曲線中找個低點。現在,觀察測試的結果。我選擇波林格突破系統,將350天的最佳數值與–0.8的出場門檻分別改成250天和0.0的出場門檻。結果,RAR%從59%降為58%,4R值則從3.67降為2.18:這是相當劇烈的變化。當人們從使用歷史資料進行測試,到實際步入市場來交易時,就有可能會遇到這種劇烈的變化。

滾動最佳化窗口

滾動最佳化窗口這個練習,更能夠直接體會從測試走入實際交易的經驗。做法是,選個過去八或十年內的一個日期,將這一天之前的所有資訊最佳化,使用你平常會用的最佳化方法,做出你平常會做的取捨,假裝你擁有的資訊只到那一天為

止。當你決定了最佳參數值之後，再使用最佳化之後兩年的資訊來模擬那些參數。接下來這幾年的績效表現怎麼樣？

將窗口日期拉近（大約是過去六或八年之內），繼續一樣的過程。結果和你的原始測試及第一個滾動窗口有何不同？原始參數值是根據所有可得資訊的最佳數值，而使用原始參數值所做的測試結果和這次的新結果又有何不同？重覆相同流程，直到回到目前的時間範圍為止。

為說明這項練習，我將波林格突破系統最佳化，大幅修改三大參數。然後，根據最佳部位選出了一個最佳時點，通常是接近 4R 最大值的地方。我將五個各為期十年的測試加以最佳化。表格 12-4 顯示各時期的滾動最佳化績效。

從表格中可看到，每個滾動期間的實際績效和測試績效差距極大。此外，每個測試期的最佳數值也不相同。這顯示測試

表格 12-4　滾動最佳化窗口與實際 RAR%

期間	MA	進場	出場	RAR% 測試	RAR% 實際	Δ%	4R 值測試	4R 值實際	Δ%
1989–1998	280	1.8	−0.8	55.0%	58.5%	6.3%	7.34	5.60	−23.7%
1991–2000	280	1.8	−0.5	58.5%	58.8%	0.6%	5.60	5.32	−5.0%
1993–2002	260	1.7	−0.7	58.5%	59.3%	1.4%	7.68	3.94	−5.0%
1995–2004	290	1.7	−0.6	63.9%	57.7%	−8.3%	5.53	3.90	−29.5%
1997–2006	290	1.7	−0.6	55.1%	N/A	N/A	3.90	N/A	N/A

流程不夠精確，也透露從測試步入實際交易後，將遭遇高度的變化性。

蒙地卡羅模擬

蒙地卡羅模擬是判定系統穩健度的方法之一，它能回答這類問題：「要是過去稍有不同會怎麼樣？」以及「未來可能產生什麼狀況？」你可以這麼想，這套方式是使用一連串代表過去實際價格資訊的事件、來創造一個稍微不同的替代世界。

蒙地卡羅模擬一詞是指使用隨機數量來調查某一特別現象的方法統稱，對於不可能、或難以用精確數學來描述的現象尤其有用。蒙地卡羅是摩納哥的賭城，這些賭場所提供的大多都是隨機遊戲：輪盤、擲骰子、二十一點等等。這是科學家在二次大戰的曼哈頓計劃期間用來製造原子彈所使用的方法，這個名稱也來自那個時代。

那些科學家想了解鈾的分裂特性，以判定要有多少鈾才能製作原子彈。濃縮鈾非常昂貴，因此在評估時絕對不能出錯，否則將浪費好幾個月的時間。更不用說，如果炸彈是因為鈾量不夠而沒有爆炸，金錢上的損失更加可觀。同樣的，如果他們高估、用掉了比需要還多的鈾量，也會浪費好幾個月的時間來進行測試。不幸的是，在當時根本無法精確地塑造出炸彈內鈾原子複雜的互動，遲至近日才有辦法計算出來。

為找出所需的分裂鈾數量，必須先知道一個原子中要放射

出多少比例的中子，才能夠再造成另一個原子分裂。知名物理學家理查·費曼（Richard Feynman）利用一群數學家的研究結果，找出能夠了解某一中子互動特質的方法，然後，便能判定該中子是否會由其他核子所吸收？還是會分裂成原子。如果能夠重複上千次，便能夠找到鈾分裂特質的正確分布，然後能決定究竟需要多少鈾原料。費曼知道，雖然這個過程太過複雜，無法預測未來，但它可以拿出問題中他所了解的部份，然後使用隨機亂數來模擬中子特性，找到問題的答案。因此，即使無法確切預測每個原子的下一個動作，還是能夠了解鈾分裂的特質。

替代交易世界

市場要比核子分裂反應更為複雜。市場由數千人的行為所組成，而這些人各自根據自己的背景和大腦化學作用來做決策，因此要比中子更難預測。還好，我們可以仿效費曼做鈾分析的方法，就算無法預測未來，還是可以利用隨機亂數來更加了解某一交易系統的可能特性。我們可以檢視一組替代交易世界，了解如果歷史稍有不同時，會發生什麼樣的狀況。

蒙地卡羅法常使用兩種方式來產生替代交易世界：

- **交易重組**：從實際模擬中，隨機改變交易順序和起始日期，然後，使用這些交易的獲利或虧損比例來調整新交易順序的淨值。

● **淨值曲線重組**：將原始淨值曲線隨機分段重組，建立新的淨值曲線。

以上兩種作法當中，淨值曲線重組能夠產生更符合現實的替代淨值曲線，因為，隨機交易重組的蒙地卡羅模擬法往往會低估最大連續虧損發生的可能性。最大連續虧損期常常發生在大趨勢的尾端、或是淨值增加期間。在這些時候，各個市場之間的相關性會比平時還要高，無論期貨還是股票都是如此。在大趨勢末期，當走勢反轉時，突然之間，似乎所有市場的發展都不利於你；大趨勢瓦解之際，甚至平常似乎不相關的市場，在波動時期也全都受到影響。

由於交易重組移除了交易和日期之間的關係，因此也移除了許多交易同時逆轉時、對於淨值曲線的影響。這表示，在蒙地卡羅模擬中出現的連續虧損，無論在規模或頻率上，都不及現實生活的實際情況。以 2006 年春季的黃金和白銀為例。如果你恰好測試某一順勢操作系統在這兩個市場的表現，進行交易重組後，你在這兩個市場的連續虧損就會分別發生在不同的時間，大幅降低個別連續虧損的衝擊。事實上，這個效應還延伸到其他幾個相關性極低的市場，例如，糖市場 2006 年 5 月中到 6 月中的 20 天內出現重大連續虧損，而這段期間正是黃金和白銀期貨價格下跌的時候。因此，交易重組這個方法比較不好，因為它低估了我們可能會在長期和中期系統上所遭遇的連續虧損的規模和頻率。

關於這個現象，還有另一個例子，那就是 1987 年美國股市崩盤時的一日連續虧損。當天歐美元開盤大跌，其他平時不相關的市場也都跟著大跌。使用交易重組的蒙地卡羅模擬法往往會削弱真實事件的影響，因為它把交易分散，讓它們不會在同一天出現價格反轉。

許多使用蒙地卡羅模擬的套裝軟體是利用淨值曲線重組來產生新曲線。不過，這些軟體並未考量另一個重要問題。透過測試和個人經驗，我還發現，大趨勢尾端的虧損期狀況、以及虧損規模，要比我們所預期的隨機事件都還要糟糕。在重大連續虧損期間，順勢操作系統的淨值曲線顯示一日淨值變化和前一日淨值變化的連續關係。簡單的說，虧損日常常會一個緊接著一個地來到，而不是隨機出現。

再用 2006 年的黃金、白銀和糖市場的連續虧損為例，如果只將日淨值變化重組，那麼，從 5 月中到 6 月中所發生的連續淨值大幅改變的狀況便消失了，因為，如果你從實際淨值曲線中隨機抽取部份來進行重組，則這些大幅變化就比較不可能聚集在一起。

我們根據將以上考量來調整我們交易元件公司的模擬軟體，雖使用淨值曲線淨變化，但在進行重組時，不以單日變化為單位，而是以好幾天為一個重組單位。如此一來，模擬後的淨值曲線還能夠保留現實當中虧損日的群聚狀況。在我的測試中，我使用 20 天做為重組單位，發現它保留了淨值曲線的自

動相關特質，讓測試結果更具現實世界預測價值。

蒙地卡羅報告

使用蒙地卡羅法所做出來的模擬替代淨值曲線有何功用呢？我們可以用它們來建立某一測量值的結果分佈，未來若發生我們在模擬中所創造的替代世界的狀況，就可以用它來判定可能數值的範圍。圖表 12-3 的分布圖，是進行 2,000 次的模擬替代世界淨值曲線，分別計算出每個曲線的 RAR%，然後將這些曲線分布畫在圖表上。

曲線中的垂直線顯示 2,000 次模擬淨值曲線中，九成的 RAR% 是超過哪一數值。根據本圖，2,000 個替代世界曲線中，有九成 RAR% 超過 42%。

這類圖形很有用，因為它能夠幫助你領悟到未來是不可知的、而且有許多的可能性。不過，判讀這類圖形時，要特別小心，不要太過鑽研。還記得嗎？這些數字來自於一個根據過去資訊而得來的淨值曲線，因此，它具有第十一章所提到的一切可能錯誤。蒙地卡羅模擬不會讓拙劣的測試得以改善，因為，模擬出來的替代世界淨值曲線只符合它所使用的歷史模擬。如果因為最佳化悖論的影響，讓你的 RAR% 高出 20%，則使用同一個最佳化參數來進行蒙地卡羅模擬時，所得到的替代世界淨值曲線也會得到被高估的 RAR%。

圖表 12-3 蒙地卡羅模擬 RAR% 分布

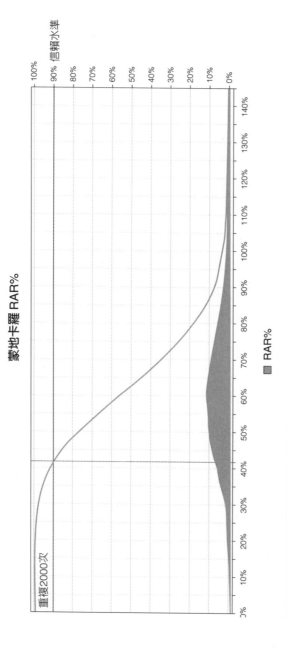

蒙地卡羅 RAR%

■ RAR%

有人偏好粗糙的測試結果

　　從以上練習可看出，績效回測只能對未來做出粗糙的近似值。相較於那些較敏感的測量值，穩健測量值是預測未來績效的更佳指標，不過，執行過程還不夠嚴密。若有人告訴你，你可以預期獲得某一程度的績效，那麼，他不是在騙人、就是不知道自己在說什麼。如果對方是在向你推銷產品，那麼，我強烈質疑他是在騙人。

　　第十三章提出幾個能讓你的交易更加穩健的方法，避免遭遇績效大起大落。

第十三章

無懈可擊的系統

交易不是百米賽跑，而是拳擊。市場不斷打擊你，讓你暈頭轉向，然後無所不用其極地把你打倒。但是，當第十二回合結束的鈴聲響起，你必須還站在場上，才有獲勝的希望。

　　那些建立交易系統的交易新手汲汲尋求一個在歷史測試中表現最亮眼的超強交易系統。他們認為，從歷史數據中展現優越績效的系統，在未來也會有類似的表現。若有兩套系統，其中一套（暫且叫做ω）的CAGR%要比另一套（暫且叫做α）高出10%，MAR也多了0.2，這些新手就會斷定，在ω明顯表現較佳的情況下，使用α交易就是愚笨的行為。

　　等到他們比較有經驗以後，就會發現根本沒有所謂的完美系統。ω系統也許在某些市場狀態下表現較佳，而且，由於這些市場狀態在過去常常出現，因此，在測試中，ω系統的績效遠遠優於α系統。不幸的是，沒人能夠保證未來這些市態還會像以前那麼頻繁出現。換言之，未來的市場種類分佈可能會和過去不同。因此，如果ω系統和α系統在測試中表現差異是因為特定的市場狀態分布，那麼，如果未來分布狀況不同，這些差異就會消失。

　　思考以下例子。假設當市場呈靜態趨勢時，ω系統的績效優於α系統，但當市場呈動態趨勢時，α系統的績效反而優於ω系統。現在，假設在20年的測試中，有13年的趨勢都屬於靜態，只有七年的趨勢偏向動態。那麼，如果未來出現相同的分布狀況，則ω系統就會有比較亮麗的績效。

　　可是，如果這七年的動態趨勢中，其中有五年分布在測試期的後十年當中呢？如果交易者效應導致市場行為改變，使得未來的趨勢都比較偏向動態呢？這也許表示，在動態趨勢下表現較佳的α系統，可能在未來會有較亮麗的績效。相反的，如

果市場似乎有從靜態變為動態、然後再回到靜態的循環現象呢？那麼，未來如果市場從現在的動態又回到靜態趨勢時，ω系統是不是會有較佳表現呢？

未知的未來

在許多時候，我們就是沒有足夠資訊、確切做出決定。原因是，我們沒有足夠的數據。請思考 QQQVVQ 這樣的序列。如果這表示靜態（Q）與動態（V）市場的序列，你能否確定未來的市場是動態還是靜態呢？如果你專心閱讀之前的幾個章節，就會知道，六個樣本不足以做出任何確定的結論。即使樣本再大一點，如 VQQVQVVQQQQVVQ，看起來好像是個循環，但還有沒有足夠數據能做出可靠評估。

此時，最好承認我們沒有足夠數據、無法了解未來；因此，我們無法預測各個系統在未來的相對績效表現，頂多只能得到廣泛的概念而已。想要建立一套穩健的交易計劃，就得先成熟面對這個事實。其實，在交易中，有很多層面也是一樣，看清事實是重要的第一步。一旦認清事實，你就能做出反映事實的決定，然後調整你的行為。

穩健交易

穩健交易是指所建立的交易計劃，無論未來市場表現如

何，都一樣有不錯的績效。這類計畫的建立基礎是，接受未來是不可預知的事實，而且任何根據歷史數據所做的測試都有極大的誤差。

諷刺的是，等到你把不可知的未來納入交易計劃後，就會發現你的交易績效變得越來越可預測。之所以會出現這種矛盾現象，原因很簡單：如果你的交易計劃是以未來不可知為前提，那麼，你就會確信未來一定會出現你的交易計劃所預期的狀況、出現你未曾預測的事情。相反的，如果交易計劃是以某一組市場特性為前提──事實上，任何特性都一樣──那麼，如果出現與該前提不同的情況，就會影響這套計畫的表現。

那麼，要如何建立一套不以任何市場狀況為基礎的交易計劃呢？穩健交易計劃有兩大特性：多元化和簡單。大自然為穩健的特質提供最佳典範。生態系統和個別生物的生存能力就和穩健交易計劃是一樣的。

多元化

在生態系統中，大自然並不只靠一、兩種生物來運作。它並非只有一種食肉動物、一種食物來源、一種食草動物、或只有一種食腐動物來清除動物屍體。多元化很重要，因為它讓生態系統不會受到單一物種數量驟變的衝擊。

簡單

複雜的生態系統較具生存彈性，當環境穩定時，構造複雜

的高級生物似乎要比簡單生物擁有更多優勢。然而，在變化時期，高級生物比較容易死亡。在這個時候，生命力最強的物種往往是構造簡單的生物，如病毒和細菌等。單細胞生物對環境依賴性不高，因此生命力較強。當隕石墜落或大型火山爆發時引起溫度驟降，生態系統遭遇重大變化時，簡單就是個非常有用的特質。氣候出現變化時，對之前氣候過分倚賴，就變成重大劣勢。

強健的有機體

有些生物雖複雜、但仍舊強健，能夠在各種狀況下生存。這些生物通常生長於氣候或環境持續變化的地方，因此發展出在這些變化之下也能安然生存的能力。這些強健的生物正是我們用來發展穩健交易系統的最佳典範。

我們已經討論過穩健特質的兩大基本要件——多元化和簡單，現在，讓我們設法把它們加進交易計劃中。在簡單方面，我們可以把那些引起對某市場狀況過於依賴的規則刪到最少。在多元化方面，我們可以盡量多交易各種彼此沒有關聯性的市場。還可以同時使用不同類型的系統來交易，如此一來，無論未來市場狀態如何，在你的投資組合中，還是會有幾個表現不錯的系統。

穩健系統

讓系統更加穩健的主要做法，就是訂出規則，讓這些系統能適應各種不同的市場狀態，並讓系統保持簡單、較不受市場變化所影響。

你可以設法讓系統適應各種市場狀況，讓它們更加穩健。這就像是那些擁有高度適應性的高級生物、能在各種環境下生存是一樣的。人類就是範例之一。無論在沙哈拉沙漠、還是南極圈，人類都能夠生存，這是因為我們有足夠智力、能夠設法適應各種不同環境。

各種系統分別在某些市場狀況下表現較佳。順勢操作系統在市場處於靜態趨勢時表現較佳；逆勢操作系統在市場處於動態趨勢時表現較佳。投資組合濾器就是讓系統更加穩健的規則之一，因為，當某一市場現況對系統不利，它就會把該市場過濾掉。與趨勢同向的突破較常發生在趨勢市場中。加入這套濾器能讓系統更加穩健。

同樣的，簡單的規則也能讓系統更穩健，因為這些規則的適用情況非常廣泛。複雜的規則之所以複雜，是因為它們是設計來利用系統發展時、所注意到的幾個狀況或市場行為。這類規則越多，系統就越會被某一組市場情況和行為所綁住。如此一來，更容易發生未來市場沒有這類特定行為、而使得這些規則不再奏效的情況。

簡單規則的基礎是更持久的概念，要比特別為某些市場行

為所訂做的複雜規則更能經得起實際交易的考驗。讓你的系統保持簡單,你就會發現它們較能經得起時機的考驗。

市場多元化

提升整體交易穩健性的最有效方式之一,就是同時投資各種市場。如果你交易的市場較多,則比較容易遇到一、兩個較適合你交易系統的市場狀況。若你使用的是順勢操作系統,則投資較多市場,比較容易遇到正在走趨勢的市場。

這表示,你的投資組合中,納入越多市場越好。要選擇能夠帶來新機會的市場,而且彼此之間不要有過高的相關性。例如,有不少短期美國利率期貨產品的走勢根本就是彼此亦步亦趨。這類產品再多,也不會提升你投資組合的多元性。

如果你使用的是不需要密切監督的交易系統,則應該考慮國外市場。國外市場能大大提升多元性,讓你的交易更為穩健、持續。只要是根據收盤資料、做出開盤買進決定的系統,交易全球各市場時,都不會太困難,因為,如果你只考量市場的收盤和開盤價,則時差問題就不那麼重要了。

決定交易市場

目前,最受歡迎的測試系統平台是交易大師(TradeStation),可是它最大的限制就是,無法同時測試一個以上的市場。這個問題的副作用是,許多交易人因此以個別市

場來思考、而非整個投資組合。這讓人錯誤地相信某些市場不該被納入順勢投資標的，因為那些市場無利可圖，或者表現沒有其他市場亮麗。

這種看法有兩個問題。首先，對於某些市場來說，可能好幾年才會有一次趨勢，因此，五年或十年這類短期測試無法顯示這些市場的完整潛力。其次，多元化的好處可能會重於虧損。

以第四章提到的可可市場為例。還記得該市場在獲利之前，經歷了好長一段的虧損期嗎？這是很常見的現象。讓我舉個我在海龜計畫期間的例子。 1985 年初，理奇告訴我們不得再交易咖啡。我想，他可能覺得該市場的交易量不夠我們交易，而我們也一直虧損。這項決定讓我們喪失了一筆可能會是我們最大單筆交易（請見圖表 13-1）。

既然我沒有做這筆交易，無法告訴你我能從這筆交易賺到多少錢，因此用 1986 年 3 月的咖啡期貨數據進行測試。進場時， N 值是 1.29 分。這表示，以我在 1985 年帳戶為 500 萬美元來看，我的單位數量應該是 103 口。由於我一次交易四個單位，所以，我就會有 412 張多頭契約。每口獲利大約是 34,000 美元、總獲利約為 1,400 萬美元，一筆交易就為我 500 萬美元的帳戶賺得了 280% 的報酬。當時，沒有其他交易報酬如同我們所錯失的如此龐大。

這是否表示我們應該交易所有的市場呢？不交易某一市場的主要原因是流動性問題。進出不頻繁、成交量不夠的市場交

圖表 13-1　我們所錯失的咖啡交易

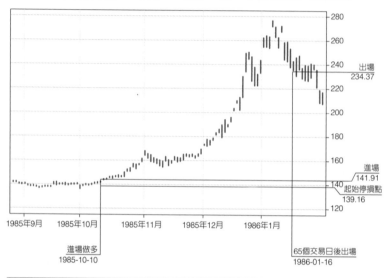

KC（合約代碼）：咖啡──咖啡、糖、可可交易所（CSCE）

出場
234.37

進場
141.91
起始停損點
139.16

1985年9月　　1985年10月　　1985年11月　　1985年12月　　1986年1月

進場做多
1985-10-10

65個交易日後出場
1986-01-16

易困難度很高。你越成功，就越該考量這項限制。這也是理奇不要我們交易咖啡的原因。若我們把我們的交易和理奇的合在一起，買進賣出時，就會有上千口的咖啡期貨。這絕對是咖啡期貨交易量的極限了。儘管我很希望當時能從咖啡期貨大賺一筆，可是理奇的決定還是有道理的。

　　你也許以為，如果你的帳戶規模小，就可以投資流動性較低的市場。這要看你用的是哪一種交易系統。流動性較低的市場問題出在你無法任意進出。你可以下單，問題是，沒有其他交易人向你買進或賣出。流動性低的市場買賣人數少，因此，

你的一口期貨買單可能和其他 200 到 500 口一樣，在完全沒有賣單的市場空等著。若是流動性較高的市場，就比較不會發生這種事情。

流動性低的市場也很容易受到價格衝擊的影響。看看如粗米、木材、丙烷等這類一日交易量只有幾千股的市場，再比較流動性較高、一日變動較大的市場。你就會發現，流動性低的市場，比較常出現大幅的價格變動。

各類市場

之所以要把某些市場排除在交易標的之外，還有另一個原因。雖然我不認為只因某些市場在模擬測試中表現不佳、就要把它們排除在外，但我卻相信，不同類別的市場之間存在的基本差異，足以讓系統將某些類別的市場全部排除。

有些交易人相信，各個市場彼此不同，不應該等同視之。我認為事實應該更為複雜。我認為所有期貨市場可粗分為三大類，這三大類彼此差異極大，而每一類中的市場、只會因為隨機事件才出現不同。這三大類市場如下：

1. **受基本面驅動的市場**。這類市場諸如外匯和利率，交易不是推動價格的主要因素；更廣大的經濟事件和動力才會推動價格。現在的金融市場似乎越來越不符合這個說法，不過，我還是認為美國聯準會（Federal Reserve）或各國類似聯準會的組織及貨幣政策對於價格的影響，仍舊大於外

匯和利率市場中的投機客。這些市場有最大的流動性、以及最清楚分明的趨勢，是順勢操作者最容易交易的標的。

2. **受投機客驅動的市場。**這類市場諸如股票、以及咖啡、黃金、白銀和原油期貨市場，投機客的影響要大於政府或大型避險機構。價格受市場看法所驅動，是順勢操作者很難交易的標的。

3. **累計衍生的市場。**這類市場的主要動力來自於投機買賣，可是，因為交易標的本身還受到其他個別股票的影響，而稀釋投機力道。小型標普500指數（e-mini S&P）期貨合約就是最好的例子。它的價格上下變動，可是變動範圍卻受到標普500指數的限制，而標普500指數卻只受投機客的影響。由於指數是許多股票的純投機走勢的累計，因此動能會受到均分、稀釋。對於順勢操作者來說，這類市場是最困難的。

我的建議是：同一類別的市場、交易方式都相同。你只需根據流動性和類別來決定是否交易某一類市場。當年我在海龜計畫中，決定完全不碰第三類別，而其他許多海龜成員卻選擇交易第三類市場。我覺得我們的系統並不適合累計衍生的市場。我並不是說你不能投資這些市場，我只是說，我們所使用的這種中期突破的順勢操作系統，無法在這類市場中創造佳績；因此，我擔任海龜成員時，從未交易過標普指數期貨。

相同類別的市場表現類似。雖然它們偶爾或長期出現差

異，但長線來看，這些差異只是反映出交易人的記憶、以及那些造成大趨勢的基本原因本身罕見和隨機的特性。

交易人記憶

想要知道何謂交易人記憶，不妨看看黃金和白銀市場。我最初開始交易時，根本無法從黃金市場中獲利，因為人們對於1978年的大趨勢（黃金漲到每盎司900美元、白銀則漲到每盎司50美元）仍究印象深刻。每次價格像是開始要形成上漲趨勢時，每個人都號召親友大量買進黃金。這使得價格起起伏伏、不斷上下震盪。簡單的說，對於順勢操作者來說，這是個很難操作的市場。現在，20年之後，人們多半已經不記得1978年的大趨勢，因此，2006年春的價格走勢就比以前容易交易多了；如果你觀察走勢圖，就會發現黃金市場的特性已經改變。

我不認為有人能看出像是黃金這類市場會如何變化、或者像可可這類市場何時再成趨勢。一個過去20年都未出現趨勢的市場，不表示它是個差勁的投資標的。在我看來，如果該市場交易量夠大，而且又和你投資組合中的市場不同，你就可以投資這個市場。

市場多元化的限制在於可接受風險限制內的保證金要求額度。正因如此，成功的避險基金經理人操作起來要比散戶更為容易，而大型帳戶交易人的績效要比小型帳戶交易人更加穩定。如果你的資金只夠交易十個市場，那麼，你的績效就會比

同時交易五、六十個市場來得不穩定。使用順勢操作系統來交易期貨時，若想達到合理的多元性，則至少得需要十萬美元的資金才行。就連必要風險水準也是多數交易人所望塵莫及的。

系統多元性

除了分散市場之外，你也可以透過分散系統來增加交易計劃的穩健度。同時使用一個以上的系統，能夠讓交易計畫明顯更加穩健，若使用的系統彼此差異性極大，則效果更佳。

以同時使用兩套系統為例。比較好的那一套有38.2%的RAR%、4R值為1.19；比較差的那一套則有14.5%的RAR%、4R值為0.41。如果你測試這兩套系統，你會選擇哪一套來交易呢？你是不是會選擇比較好的那一套？這應該是比較符合邏輯的選擇。

然而，這項選擇忽略了兩套系統不相關時，所帶來的多樣性優點。如果系統彼此之間成負相關（也就是說，一套獲利時、另一套虧損），則優點更大。因此，結合某些系統來使用，能夠帶來極大好處。請看以下說明。

同時使用兩套系統，則RAR%為61.2%、4R值為5.20。不用說，績效要比單用任何一套系統都好多了。

以上提到的兩套系統其實是波林格突破系統的兩個部份。較好的系統用於長線波動通道突破，較差的系統用於短線波動通道突破。不難了解為何將兩系統結合後表現較佳，可是你可

能想像不到，結合後的績效將有大幅度的提升。

　　將用於不同市況的系統結合，也能得到相同效果。例如，將適用於趨勢市場的系統和適用於沒有趨勢時的系統結合，當其中一個系統遭遇連續虧損時，另一套系統可能正在獲利，反之亦然。也許不如你所想樣的如此順利，但你還是可以藉由這類做法來增進你交易計劃的穩健性。

　　系統多元化的限制和市場多元化一樣，想要同時用許多系統來交易，需要投注較高的資金或管理心力。也因如此，成功的避險基金經理人在運用這項策略時，就要比散戶輕鬆多了。若要充分讓順勢操作系統多元化，則至少需要 20 萬美元的資金。同時使用四到五種不同系統，則需要 100 萬美元以上的資金。光是這一點，就足以讓人們決定把資金交給投資各種商品的專業交易人或避險基金，而不會親自交易自己的帳戶。

面對現實

　　想要建立一套穩健的交易計劃，就必須體認到，你無法預測你在未來實際交易中會遇到什麼樣的市場情況。為將這個前提納入考量，穩健交易必須建立穩健系統，因為它們簡單、適應力強，不特別依賴某一市場狀況。成熟穩健的交易計劃會使用許多不同的系統來投資許多不同的市場，而且，和那些使用只適合少數市場的少數系統的計畫比起來，穩健的交易計劃比較能在未來交出沉穩、漂亮的成績單。

第十四章

克服心理障礙

　　市場不在乎你的感受。你感到沮喪時，它不會維持你的自尊，也不會安撫你的情緒。因此，交易不是每個人都做得來的。如果你不願意面對市場現實，不願正視你的限制、恐懼和失敗，你將永遠不會成功。

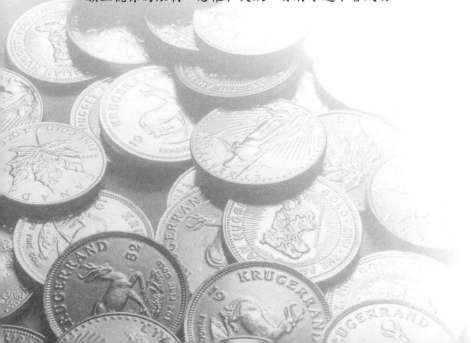

　　我在 1982 年第一次讀到李菲耶在《股票作手回憶錄》中所描述的李佛摩的故事時，當時，我受到極大啟發，我希望你們讀過海龜的故事之後，也會有相同的感受。理查‧丹尼斯在兩週內教出一批交易人，並讓他們在四年內為他賺得 1 億多美元，這是交易界中令人嘖嘖稱奇的故事。海龜實驗的成功，證明理查擁有一套更夠傳授他人的原則，若能有恆心地切實執行，便能讓期貨交易有利可圖。

　　有趣的是，理查‧丹尼斯傳授給我們的交易原則，多半不是新概念。有些甚至是在理查出生之前，其他知名交易人就遵守奉行的基本原則。可是，在某些方面，我們所學到的這些原則，就是因為太簡單，而成為障礙，讓我們在開始交易的幾個月中，難以切實遵守。

　　人們往往相信複雜的觀念優於簡單的觀念。理查‧丹尼斯用幾個簡單的規則，就賺了好幾億美元，這讓許多人難以置信。許多海龜成員在開始交易的最初幾個月，也努力克服這個心理障礙。有些成員認為，成功交易不該是如此簡單，一定還有其他秘訣。這類思維嚴重影響他們的交易行為，致使他們無法奉行理查所傳授的簡單原則。

　　我的理論是，這種想法以及對複雜的需求都是來自於不安全感，讓人們非得找出理由，感受到與眾不同才行。擁有秘密知識能讓我們覺得與眾不同；擁有簡單真理則否。因此，我們的自我要我們相信，唯有擁有某種特別知識，才能證明自己優於別人。我們的自我不希望我們只知道眾所周知的真理。自我

想要獲得秘密。

從自我中生、從自我中亡

這是交易新手採行無限制策略交易的主要原因。無限制策略交易能滿足自我；這種交易方式倚賴個人判斷，和系統性交易正相反。系統性交易明訂買賣時機和買賣數量的具體規則。因此，當你使用你自己的判斷來交易、並且獲利，自我便得到勝利。然後，你就可以向朋友吹噓你是如何征服市場。

我常常在線上交易討論室中看到這種行為——特別是那些吸引新交易人的廣泛討論室。你常會看到有人吹噓他如何在上漲前買進，或他發現了什麼寶藏、精確性達九成的系統、或者他們交易三個月已賺得 200% 的獲利。這些人使用過高的槓桿來交易，才能將 5,000 美元變成 15,000 美元；然而，他們失去這 15,000 美元的風險極高，因為他們交易太過積極。幾個月後，你可能會看到這些人說：他們賠光了錢、一無所有。這些人的交易做法只是為了滿足自我，就像俗話說的：從自我中生、從自我中亡。

使用無限制策略交易而成功的人不少，但失敗的人更多。最大原因是，自我並未和你站在同一陣線。自我要求正確、想要預測、想知道秘密。自我讓人們很難避免阻礙獲利的認知偏差，因此難有好成績。

讓我舉個我們在海龜計畫時的例子，你就會完全了解。

偉大的乒乓球賽

對於局外人來說，期貨交易似乎是個很刺激的工作，可是，許多人可能不相信，我們在交易期間，常常無所事事。我們很無聊。市場多半很平靜。總之，海龜成員有很多空閒時間。

還好，我們有個乒乓球桌，閒來無事就打乒乓球。我們幾乎每個人一天至少打一場。打太多了，居然有一天收到隔壁保險公司的字條，威脅要置我們於死地，因為他們看不慣他們辛苦工作時，我們居然能整天打球（想必他們不喜歡他們的工作）。

我以前從未認真打過乒乓球，可是，幾個月後，我也很快地練出不錯的技巧，而且開始打敗幾個球技不錯的對手。我選用的是握筆球姿，讓我更容易在正拍和反拍之間互換──這對我進攻型的打法有利。

不過，有個海龜成員技術高超，我們都知道打不過他。他的球齡很長，他打球時，我們都在一旁敬畏地看著他。要他以 21 對 10 的比數、甚至更大的差距擊敗我們，是件輕而易舉的事情，我們都知道他只是隨便和我們玩玩，不花什麼力氣，就可以擊敗我們。

打了幾個月之後，有個海龜成員提議來場錦標賽。對於一群相互競爭的交易人來說，這不是件開玩笑的事情。我們都認為，這場比賽能夠決定誰是僅次於那位乒乓高手的亞軍；不過，我們更想知道的是，究竟誰才是當之無愧的冠軍。比賽展開，球技不佳的選手一一被淘汰，最後，八位選手進入決賽。除了那位高手之外，其他七個人球技都差不多。

　　我決定在錦標賽中改變作風。從每球必殺、改為較保守的打法。我甚至連握拍方式都從握筆姿勢改玩更正確的傳統方式（像握網球拍一樣），球拍也從讓球容易旋轉的海棉膠面、換成易於防守的顆粒膠面，因為這種球拍較能對抗對手的旋轉球。我知道我們那位乒乓高手擁有不錯的旋轉球技巧，而且也能輕易對抗我無力的旋轉球，因此，若想打敗他，我所使用的球拍，最好要能夠削弱他神速的旋轉球威力。

　　準決賽開始，我在比數極為接近的刺激戰況下，打敗頭兩位對手，顯示我的策略奏效。這表示，我已進入冠軍爭霸賽，將對抗那位技術大幅領先的高手，我們都認為冠軍非他莫屬。我得全力以赴，除非他失常，否則我不可能獲勝，我們都知道這一點。決賽時，所有海龜成員皆到場，為我這個精力旺盛的年輕小子、和經驗豐富的高手加油。

　　比賽開始後，我注意到一件事：我的對手非常想贏得這場比賽；他認真看待這件事。很明顯的，獲勝對他而言，是非常重要的事情。由於大家都認為他球技精湛、是絕對的優勝者，一旦失敗，將損失慘重。相反的，我什麼都不怕。大家都看到，我已經過關斬將，打進冠亞軍賽。就算我有勝算，也沒有人認為我會贏得冠軍。

　　剛開始，他輕易得了幾分，事實上，我一連失分後，開始擔心我會以零分慘敗。不過，我適應他的速度和戰略後，便採取極端守勢，耗損他的精力。由於他想儘快打敗我，打得要比平常更具侵略性。而我打得更加保守，因為只有這麼做，我才會有機會。我的攔擊時間越來越長，讓他的每一分

皆得來不易，後來，我也開始得分了—— 一開始得分不多，但至少不會讓我提前出局。我得分越來越多，對手陷入苦戰。他開始苦惱，責怪自己居然會讓一個實力明顯較差的人佔優勢。

慢慢的，我開始佔上風，第二局表現更佳。追成平手後，進而贏了這一局。所以，兩局後，我們一比一平手，還有一局，可是，我氣勢如虹。

最後一局是割喉戰。我們一來一往，比數形成拉鋸，各有領先的時候。終於，我奮力殺球，他沒有接到。最後，他想在比賽中證明他的球技較佳，卻被這份壓力擊垮。他無疑是最佳選手，我知道，他也知道。可是，到頭來，這已經不重要了，他因為無法面對這份壓力而輸了這場比賽。他太想獲勝，以致表現失常。

我這位球技較佳的對手在海龜計畫中表現也不好。我相信，原因和他輸掉乒乓球賽是一樣的。他的自尊心主導了他的交易，讓他無法看出問題出在他自己。不巧的是，這位乒乓球高手正是那位堅稱理奇對我私相授受的海龜成員。他無法理解，我的績效之所以比他好，是因為我謹守規則、屏除任何自我的問題。他卻把原因歸咎於沒有獲得秘訣。他不想面對現實。

謙遜之餅，交易人最佳食物

若想成為一位偉大的交易人，你得克服你的自我意識、學會謙遜。唯有謙遜，你才會接受未來是不可知的這個事實。唯

有謙遜，你才能在交易虧損、停損出場時坦然面對。唯有謙遜，你才能欣然接受交易完全根據簡單概念這個既定事實，因為你根本不需要知道什麼秘密、讓你覺得與眾不同。

別當渾蛋

儘管我在海龜計畫期間操作情況比其他成員輕鬆很多，但我不想讓人覺得我是個沒有自我意識的機器人、不受認知偏差的影響、能掌握自己的心理。我並非如此。以下舉個例子。

海龜計畫的第二年，我們遇到一波大趨勢，一樣的，我買滿四個單位的上限。我問了幾位成員他們買進多少單位，很多人的持有部位並未到達四個單位的滿倉。這表示，他們錯失了許多原本應該能掌握的賺錢機會。因此，我詢問他們的部位大小，無異是在他們的傷口上灑鹽。

那天下午，我像往常一樣，離開辦公室、趕搭火車，準備回到我在伊利諾州、河邊市郊的住處。有幾位海龜成員也搭火車通勤，因此我們都差不多同一時間離開。我還記得我打開門、進入走廊後，聽到其他較早離開的人這麼說：「你有沒有聽到他今天說的話？真是個渾蛋。」

他們說的沒錯。我是個渾蛋：渾蛋加三級，沒有概念的大傻瓜。我沒有靜心思考我的行為對於其他人有何影響。簡短反省後，很明顯地，我炫耀他們所做不到的事情的確很殘忍。而且我確定，這些粗心的評論居然來自一個只有高中學歷的小伙子，這就更令人難堪了。

自從我聽到這段對話後，二十多年來，我多次憶起那天的情況。就在那天，我發誓不再當渾蛋，在行動前，要多思考我自己的言行對於其他人的影響。如果我遇到這樣的渾蛋，我也要多加容忍、提醒自己想當初我也是這樣的人。

貫徹始終

人生最重要的課題知易行難。在交易上，貫徹始終是關鍵所在。系統性交易法、徹底了解交易法的限制、以及用來建立交易系統的工具，都能幫助你更成功、更穩定。想要創造亮麗的交易成績，就必須始終如一。你必須能夠執行你的計畫，否則，計畫便失去意義。

若要我找出一個致使海龜成功的最大因素，我會說，是因為有一位傳奇交易人的親自傳授。這份認知讓我們對理查傳授給我們的方法有信心，讓我們更容易持續堅持他的規則。除非你能找到另一位知名交易人來為你授課，給你同樣的信心，否則，你就得設法自己找到這份信念。你得對你所使用的方法有信心，也要對你用這些方法求得長線獲利的能力有信心。

想要對系統性交易法有信心，最好是自己使用交易模擬軟體來好好了解幾套系統。軟體能讓你用歷史資料來模擬實際交易狀況。你會發現，研究各種交易系統、以及將你的假設對照實際市場資訊的這個過程相當粗糙。如果你實際開始交易，你就會發現要比你所想的還要困難許多。真正投注金錢、和紙上

作業很不一樣。

如果你考慮進入交易界，必須謹記一件重要事實，那就是：我算是特例。可能是因為天生或後天教養與人不同，貫徹始終對我來說並不是件難事。我的個性讓我能夠輕易抵抗認知偏差。因此，雖然我親眼見過不少交易人受到心理崩潰和軟弱的影響，但如果你想找人幫助你克服任何問題，我並不適合擔任顧問，因為，我個人並未親身經歷這些問題。

另外還要考量一件事：我不是交易心理學專家。因此，雖然我第一手觀察到心理力量的重要性，但除了本書已經提過的重點之外，我實在無法在這方面再提出什麼建議。還好，有不少人研究過這方面的心理，能夠對那些交易時遭遇心理障礙的人提出建議。許多人認為薩普（Van Tharp）、史丁柏格（Brett Steenbarger）、基輔（Ari Kiev）、道格拉斯（Mark Douglas）的著作能夠幫助他們克服交易時的心理障礙。我鼓勵你們參考這些資料。

最後，我的交易經驗以順勢操作為主。我也曾研究並實際使用其他方法，其中包括當日沖銷和波段交易等等，因此我知道本書提到的原則也適用於其他交易方式。不要認為我偏重順勢操作，就代表這是最佳交易方式。事實上，順勢操作並非每個人都做得來。每一種方式都需要特定的心理特質，你可能有，也可能沒有。一定要將自己的個性優缺點和某一交易方式來做比較，而以上提到的這些作者，在這方面多有著墨。

海龜計畫啓示

1. **掌握交易優勢**：找出可以產生長線收益的交易策略，因為它的期望值大於零。

2. **管理風險**：控管風險，才能持續交易下去。否則，就算在期望值大於零的交易系統之下，也等不到親眼看到獲利。

3. **持之以恆**：貫徹你的投資計畫，才能達成你交易系統的正數期望值。

4. **保持簡單**：簡單的系統絕對要比複雜的系統更經得起時間考驗。

要記得，若不按計畫行事，計畫就沒有意義。若你真想成為成功的交易人，就得自我承諾做到第一步。我做到了，而且從未後悔過。

結語

改變人生觀

森林中有兩條路，

我選擇人煙稀少的那一條，

自此人生大不相同。

——羅伯特・弗洛斯特（Robert Frost）

　　過去幾個月來，我花了很多時間來撰寫本書的第一部份，因為我希望前言能夠和結語相互輝映。但我最想要完成的，卻是這最後一個章節。

　　你一旦做過交易人——當過海龜成員——交易人的哲學就會滲入其他人生經歷。當你努力研究、避免認知偏差，並且調整對市場的思維，你也開始在人生其他領域做出相同的事情。優秀交易人和其他平庸交易人的最大不同之處，就是他們不怕與眾不同、不怕做出別人都不會做的事情，他們堅持走自己的道路。

走自己的路

　　我十九歲就決定要成為一位期貨交易人。我有信心我會成功，我還告訴友人，我在 21 歲之前就會成為百萬富翁。我不是在吹噓，而是與人分享我對交易成功的希望。對我來說，交易是全新的事，讓我著迷不已。我全心投入交易，甚至從大學休學也在所不惜。我的父親對此感到不悅，他沒有大學學歷，一直覺得在職業發展上受到限制。可是我一向是個人主義者，不畏懼說出自己的想法、不畏懼反抗權威，因此，我並不在乎別人怎麼想；我知道這是個正確的決定。我的獨立和直言常常給我帶來麻煩；我相信我母親也常為我煩心，但我的個性卻讓我受益無窮。

　　很難想像如果當初我沒有義無反顧地成為交易人，我的人

生會是怎麼樣。我當然就不會回覆理查‧丹尼斯所登的報紙廣告了。

現在，我看出交易人生涯的真諦：不入虎穴，焉得虎子。風險是你的朋友，不要懼怕它。要了解它、控制它、與它共舞。交易人在樂觀期許下冒險，但也為常敗做好心理準備。他們行動時毫不猶豫，因為他們不怕自己判斷錯誤，他們也用同樣的觀念來看待人生。他們遵循自己的道路，絲毫不畏懼在某些做法上可能失敗，因為他們知道，這就是人生；他們了解失敗是成功和學習的必要條件。

我一直喜歡接受極大挑戰，而且會嘗試去做多數人認為愚笨、不實際或不可能的事情。許多人認為障礙重重的事情，我卻看見契機，並努力追尋這些契機。雖然經常失敗，但我也成功獲得經驗、學到新知識。

若有人問我，我的目標是什麼，我會說：「當然是讓世界更美好。」我認為，無論是多小的事情，我們都有能力以具體方式讓世界更美好。這是個非常值得追尋的目標。如果我專心交易、不曾嘗試新事物，我應該會更富有、更「成功」。有些海龜成員就是這樣，事業非常成功，管理著幾億、甚至幾十億美元規模的避險基金。同樣的，如果我專注於軟體業某一利基，我也許會更成功，至少在別人眼中是如此。

我忠於自己的個性，不在乎別人對於我成功與否的看法。他們不會在我臨終前質疑我是否做出貢獻、我的人生是否活出精采。只有我自己在乎。

通往死胡同的道路

我的摯友們多半認為我正經歷一段長久的中年危機。在他們眼中，我也許顯得不負責任、離經叛道。如果中年危機是指檢視你的人生，然後決定不理會社會和媒體所定出的成功標準，那麼，我承認他們的指控成立。如果你尚未經歷中年危機，我強力推薦你嘗試一下。沒有這個體驗，人生將非常乏味。

我常遇到有人追求應該做的事情未果而迷失了自己。他們為了想取悅父母和老師、找到一份好工作、賺大錢等等，因而捨棄自我選擇而步上別人走過的路。有些人從國小開始就是這樣，有些人則是到了上大學或從事第一份工作、開始負起責任時，選擇走別人所走過的路。這些路徑一定離他們的夢想和希望越來越遠。最後，再也記不起來自己是有選擇的權力的：他們隨時都可以決定做別的事——也許決定中途下車，好好探索世界和自我。

在許多公司，這條道路有個專有名稱，叫做生涯軌道（career track）、或簡稱軌道（track）。軌道是個很貼切的比喻，因為火車駕駛無法決定要走哪一條路線；而是由規劃軌道和全程控制轉轍器的人所決定。我最近常在思考這個現象，我想，多數人之所以不追尋自己夢想，是因為他們害怕努力白費。他們認為最好依循他們確信能夠達成的既定道路，也不要開闢自己的道路、受到嚴厲考驗。

我不認為他們是有意識地做出這個決定；都是因為放棄或不採取行動。人們不會對自己這麼說：「我真心喜歡在一個我討厭的公司做著無聊的工作。」事情就是自然發生的。

他們走上既定軌道，自己卻渾然不知。然後，一旦上了軌道，就得主動努力才能離開。否則，就會跟著到達軌道的盡頭，這也許不是他們想去的終點站。既然他們不自覺地上了軌道，可能就不會知道自己身處何處，等到發現時，已經離夢想很遠。

我們每個人的成就被限制住，是因為我們覺得不可能，而不是客觀現實的關係。如果我們因為不相信自己會成功、而不採取某一步驟，則無異是在成功前方加了一道比現實更為厚實的障礙。如果我們嘗試，可能會失敗——但也可能成功。如果我們完全不嘗試，則完全不可能有成功機會。

失敗為學習之本

此外，失敗也不是什麼壞事。達賴喇嘛曾說過：「你應該感謝你的敵人，因為他們教導你的，要比朋友家人更多。」我深刻體會這一點，因為我比週遭的人努力更多、也失敗更多。但我同時也創造了一些驚人的成功，如果我不願冒失敗的風險，就永遠不會有這些成就。而且，我也承認我從錯誤和失敗中所學到的，遠比從成功所學到的來得多。不冒失敗的風險，就不可能學習。這也是我甘於體驗失敗的原因之一：我喜歡學

習新事物。而失敗為學習之本；如果你不願意犯錯、失敗，就永遠無法學習。

許多人相信因為大腦退化的關係，因此年紀越大、越難學習。他們會指著孩童，說小孩能快速地學會新語言，反之，要大人學會新語言就很困難，而且年輕就是本錢。我認為，小孩和大人學習新語言的能力之所以有極大差距，是因為小孩不怕開口或犯文法與發音上的錯誤，而大人就很怕丟臉。

我最近搬到阿根廷的布宜諾斯艾利斯，認識了許多從各國前來學習西班牙語的老老少少的學生。我注意到一件有趣的事，有些人才來不過幾個月、甚或幾週的時間、而且在此之前完全沒有接觸過西班牙語，現在卻能夠進行基本會話。有人則以前就在學校就學了好幾年的西班牙語，還是無法與人對話，甚至來到布宜諾斯艾利斯接受密集課程，也沒有什麼效果。

學習效果之所以各有不同，幾乎全取決於人們對於犯錯或自己聽起來很好笑的害怕程度。有些人不在乎自己說得好不好，就開始與人對話。他們知道，學語言的人都一定會出錯，這是過程中的一部分。他們讓自己失敗，然後從經驗中學習。每次只要有人聽了他們說的話，露出不解的表情，他們便學到新知。他們每次點餐，結果送來的不是他們想要的食物，他們也學到新知。這些學生在失敗和學習上表現優異，因此現在能流暢地說著西班牙語，而且，他們會每天練習、繼續提升口語技巧。

改變路徑

如果你發現自己走錯路——通往你不想去的地方。請記得我們提過的沉沒成本效應。別擔心你已經在你不喜歡的工作上花了多少時間，或者你已經在你認為不會有結果的感情上投注多少心力。交易人知道不要躲避現實。他知道，當市場顯示某一筆交易不會獲利，就不要希望情況會改變或假裝現實會不一樣；此時是出場的時候。

現實自有存留的方法，不管我們多努力希望它消失，都沒有用。海龜擁抱現實，而非企圖避免它。當我們發現情況不如預期，我們比較容易改變方向。我們不抱怨、我們不擔心、我們不希望；我們只會做具體的事，來調整出我們對現實的新看法。

關於金錢

我認為，當你不想賺大錢時，比較容易賺大錢。交易人特別如此。我記得有位海龜成員很容易因為淨值大幅波動而受影響，而當我們持有大量部位時，市場的變動就會造成淨值大幅波動。對他來說，賺大錢非常重要。有一次，我度假回來，發現他因為市況不佳，而忿怒地把他的電話給摔壞了。

此人無法嚴守系統，我不認為這是偶然。他想要賺大錢的欲望讓他難以執行我們持續使用的交易系統。我之所以成功，

至少部分原因是因為我不在乎金錢。我只在乎好好交易。我在乎理奇對我交易的看法，但我不在乎那些每天在我帳戶進進出出的資金。

金錢只是工具；對於某些事情來說，金錢不可或缺。它非常有用，但它本身只是個無足輕重的東西。有錢不會讓你快樂。我深知這一點。我試過好幾次。

我也試過相反的情況。在我 33 歲的時候，我以前成立後來離職的公司，其股價突然下跌。這表示我的流動資產一夕之間幾乎化為烏有。當時我剛離婚，除了這家公司的股票之外，沒有什麼別的財產：我把房子給了前妻。

我已經不是這家公司的一份子。我一手成立這家公司，但對於管理沒什麼信心。因此，我不認為自己是這家公司的投資人，我反而把自己看成是交易人。我擔任交易人的角色時，股價時起時落，我也賣出不少股票。不幸的是，市場冷清，造市者又不是最頂尖。此外，我的股份很多，如果不小心，光是我一人賣出，就足以讓價格跌到趨近於零。因此，在這次的遽跌之前，我每幾個禮拜就會賣出一至兩萬股，如此持續了好幾個月。

當時我正籌備一家新興航空公司，就用賣股票的錢支付新公司支出和我個人的生活費。股價崩盤後，我就入不敷出了。本來我的銀行帳戶還夠付好幾年的生活費，一夕之間，卻變成兩個月內就有斷糧危機。我需要找份工作。自從海龜計畫之後，我就沒有到外面工作過。事實上，除了為理查·丹尼斯交

易、以及我在高中和大學那份程式設計的工作之外，我從來就沒有工作過。我花了幾個月的時間，想找份有趣的工作，最後，找到了一家小型網路新興公司，擔任行銷計畫的顧問工作。那時在我領到第一個月的薪水之前，我真的是身無分文，連我下榻的旅館費用都付不出來。

有些人也許認為這是個糟糕的經驗，但是我不這麼認為。那些我真心喜歡的事情，並不會因為我的狀況改變而受影響。我喜歡和朋友一起吃午餐和晚餐、和風趣的人聊天、與一群人討論接受挑戰等等。這些活動不需要花很多錢，我來到矽谷上班後，要比以前我住在太浩湖（Lake Tahoe）或雷諾（Reno）時，更能夠做這些我喜歡做的事情。我反而要比以前擁有上百萬財產時，活得更快樂、更能享受人生，因為，我能夠做我喜歡的事情。

這段經驗讓我更能夠為那些沒有錢，或陷入窘境的人著想。現在我知道肚子餓時沒飯吃，每個月靠薪水過活是什麼情況了。

在那段時間內，我還學到許多關於新興公司和創業管理方面的知識和實務。我以前不知道，原來沒有在外面工作過是個缺點。當你不知道被人管理是什麼感覺時，管理別人當然就會比較困難。我的顧問職位是公司組織的基層，我沒有直屬長官、也沒有一般員工所有的津貼，正因為我得不到，所以更覺得這些事情似乎很重要。而且，我也沒有實權。我只能透過人事影響改變。這是個不利之處，但卻迫使我磨練我的說服技

巧，當人們相信我的觀點時，我也能夠發揮一點影響力來改變現況。我沒有實權，居然還能發揮影響力，因此我非常享受這一點。

我相信，在那段期間內，我學的教訓和技巧非常珍貴，而且對我的未來也很有幫助。我經歷了許多人所恐懼的事情；我親身體會了這些恐懼。每一次，我所恐懼的事情根本就不像恐懼本身這麼糟糕。

我鼓勵各位追尋夢想，甚至重拾已經放棄的夢想。如果失敗，就從失敗中學習，然後再試一次。只要棄而不捨，就會離目標越來越近。或者，你也可能會發現另外一個更重要的目標。

放手交易吧！結果也許不如希望或預期，可是，也可能會有出乎意外的好結果。如果不試，則永遠不會知道。

加值部份

原版海龜交易法則

　　我常說，你大可把我的交易法則刊登在報紙上，沒有人會遵循的。關鍵在於持之以恆和自律。幾乎任何人都可以列出一大串交易法則，而且績效搞不好還能達到我們的八成。他們做不到的，是給予人們在困境時也要堅守這些原則的信心。

——傑克·史瓦格（Jack D. Schwager）在《金融怪傑》
（*Market Wizards*）一書中引述理查·丹尼斯的話

一套完整的交易系統

成功交易人多半使用制式交易系統。這並非偶然。一套好的制式交易系統讓整個交易過程自動化。交易人在交易時所做的每個決策，都由系統提供答案。它讓交易人在交易時更能維持一致性，因為什麼時候該做什麼事，都有一套完整法則明確規定。

如果你知道你的系統長線獲利不錯，就比較容易在虧損時期照樣接受各種信號，依照系統來交易。如果你是依照自己的判斷來交易，你就會發現自己該大膽時卻恐懼，該謹慎時卻勇往直前。

如果你有一套有效的制式交易系統，只要能持續依循，則不管你因為一連串虧損或大量獲利而產生多少內心情緒掙扎，都能夠維持交易的一致性。經過完整測試的制式系統能帶來信心、一貫性和自律，這正是許多交易人成功的關鍵。

海龜交易系統是套完整的交易系統。其法則涵蓋交易的每個層面，交易人完全不需要做出任何主觀決策。它具備完整交易系統的所有要素，並論及成功交易所需要的每一項決策：

- **市場**：該買或該賣什麼
- **部位大小**：該買或該賣多少
- **進場**：何時該買或該賣
- **停損**：何時出脫虧損部位
- **出場**：何時出脫獲利部位

● 策略：如何買賣

市場：該買或該賣什麼

第一個決定就是該買什麼、該賣什麼，或者，基本來說，就是該選擇哪一個交易市場。如果你交易的市場太少，搭上趨勢的機會就大幅降低。同時，也該避免交易量太少或是沒有什麼趨勢的市場。

部位大小：該買或該賣多少

該買或該賣多少的決定很重要，但卻常常被多數交易人企圖掩蓋或不當處理。

買賣數量影響多元化和資金管理。多元化的目的是將風險分散到許多標的上，藉由增加掌握成功交易的機會來提升獲利機會。要正確做到多元化，則必須將等量的資金投資在各種不同的標的上，就算做不到等量，額度也不要差太多。資金管理指的則是不要一次投注太多資金，藉此來控制風險，免得等到大好趨勢來臨，你手上資金已經用罄。

買賣數量是交易最重要的層面。許多新手在每筆交易上所冒的風險過高，即使他們使用有效的交易方法，也還是會大幅增加被砍倉的風險。

進場：何時該買或該賣

關於何時該買或該賣的問題，通常稱為進場決定。自動化

系統會顯示某一價格和市場狀況為進場信號，告訴你何時進場
做多或做空。

停損：何時出脫虧損部位

　　無法斷尾求生的交易人，長線是不會成功的。在停損方
面，最重要的事情是，在你進入某一部位之前，就得先行決定
停損點。

出場：何時出脫獲利部位

　　許多號稱完整系統的「交易系統」並未詳細交代獲利部位
的出場。然而，何時應該出脫獲利部位的問題，卻關係著系統
的獲利能力。凡是對於獲利部位的出場沒有著墨的系統，都不
算是完整的系統。

策略：何時買賣

　　等到信號出現後，考量執行機制的策略就變得非常重要。
大型帳戶更是如此，因為大型帳戶的進出動作可能會導致大幅
的價格逆轉或市場衝擊。

　　使用制式系統是交易持續獲利的最佳方式。如果你知道你
的系統長線能夠獲利，就比較容易在虧損時期也確實執行信
號、遵循系統。我要重申，如果你全靠自己判斷，則在交易期
間，你可能就會發現自己該大膽時卻恐懼、該謹慎時卻勇往直
前。

　　如果你有一套獲利不俗的交易系統，並貫徹始終，你不但會獲得亮麗的交易績效，系統也會幫助你安渡因長期虧損或大幅獲利所產生的情緒掙扎。

　　海龜成員所使用的交易系統是一套完整的交易系統，這也是我們之所以成功的主要原因。我們的系統不會把重要決策交由交易人自行判斷，因此更容易持之以恆、創造成功。

市場：海龜的交易標的

　　海龜是期貨交易員，更多人稱之為商品交易員（commodities traders）。我們交易的是美國較受歡迎的商品交易所中的期貨契約。由於我們的交易帳戶超過百萬美元，因此不能去交易那些每天只有幾百口交易量的市場，因為，我們的交易額將足以推動市場，只要進出場，就會遭受高額損失。海龜只交易流動性高的市場。事實上，理查‧丹尼斯在決定哪些是我們可以交易的市場時，市場流動性是主要標準。

　　一般來說，除了穀物和肉類之外，所有的美國流動性市場，海龜都交易。由於理查‧丹尼斯本身的持有部位已經到合法上線，因此他不准我們再為他交易穀物，否則就會超過交易所的部位限制。而我們之所以不交易肉類，是因為肉品交易所內的自營商有貪腐的問題。海龜計畫結束幾年之後，美國聯邦調查局（FBI）在芝加哥肉品交易所展開全面肅貪，證實了許多交易人有操縱價格等舞弊行為。

以下是海龜成員所交易的期貨市場：

芝加哥期貨交易所（Chicago Board of Trade）

- 30 年公債
- 10 年公債

紐約咖啡、可可和糖交易所（New York Coffee Cocoa and Sugar Exchange）

- 咖啡
- 可可
- 糖
- 棉花

芝加哥商業交易所（Chicago Mercantile Exchange）

- 瑞士法郎
- 德國馬克
- 英鎊
- 法郎
- 日圓
- 加幣
- 標普 500 股價指數
- 歐美元
- 90 天美國財政部國庫券

紐約期貨交易所（Comex）

- 黃金
- 白銀
- 高級銅

紐約商業交易所（New York Mercantile Exchange）

- 輕原油
- 熱燃油
- 無鉛汽油

以上項目中，海龜成員可自行決定不交易哪些商品。然而，如果交易人選擇不交易某一市場，那麼，他就完全不能碰那個市場。我們的交易市場不能前後不一。

部位大小

海龜所使用的部位大小計算法，在當時算是業界首創，因為，此法是根據市場波動的定值來調整部位大小，讓某一部位的波動數值標準化。這表示，不管市場的波動大小，我們在該市場所持有的部位在同一天都會上揚或下跌到等值的幅度（與其他市場的部位相較）。

之所以這麼做，是因為在每張契約波動幅度極大的市場，其部位所抵消的合約數要比在波動性較低的市場來得少。

將波動性標準化非常重要，因為這表示，在不同市場的不同筆交易傾向有等值的獲利或虧損的機會。這大幅增加了跨市場交易以達多元化的效果。

即便是某一市場的波動性較低，但由於海龜會在波動性較低的商品上持有更多契約，因此，只要出現重大趨勢，就有機會獲利豐厚。

波動性：N 的意義

海龜使用理查‧丹尼斯和比爾‧艾克哈特所稱的 N 來代表某一市場的可能波動性。N 就是 20 天的真實區間指數移動平均，現在更多人把它稱為平均真實區間（ATR）。理論上，N 只是某一市場在一天所經歷的價格移動平均區間，它算入了開盤價缺口。N 是以和合約相同的點（point）來計算。

要算出每日真實區間，可使用以下關係：

真實區間＝最大值（H－L，H－PDC，PDC－L）

H＝今日高點

L＝今日低點

PDC＝前日收盤價

要算出 N，可使用以下公式：

$$N = \frac{(19 \times PDN + TR)}{20}$$

PDN＝前日 N 值

TR＝今日真實區間

由於本公式需要知道前日 N 值，因此你必須從 20 日簡單平均真實區間開始計算。

經定值調整後的波動性

決定部位大小的第一步，就是計算出代表潛在市場價格波動性（以 N 表示）的定值波動性。

聽起來要比做起來複雜。計算公式其實很簡單：

$$定值波動性＝N \times 每一點金額$$

調整波動性後的部位單位

海龜以我們稱為單位的小部份來建立部位。單位大小是按 1N 等於帳戶淨值的百分之一為基礎。

因此，在某一市場或商品的交易單位大小，可用以下公式計算出來：

$$單位大小＝\frac{帳戶的\ 1\%}{市場定值波動性}$$

或

$$單位大小＝\frac{帳戶的\ 1\%}{N \times 每一點金額}$$

以下舉例說明。

熱燃油 HO03H

請看以下 2003 年 3 月熱燃油的價格、真實區間和 N 值：

日期	最高點	最低點	收盤價	真實區間	N
11/1/2002	0.7220	0.41247	0.7124	0.0096	0.0134
11/4/2002	0.7170	0.1019	0.7073	0.0097	0.0132
11/5/2002	0.7099	0.6923	0.6923	0.0176	0.0134
11/6/2002	0.6930	0.6800	0.6800	0.0130	0.0134
11/7/2002	0.6960	0.6736	0.6736	0.0224	0.0139
11/8/2002	0.6820	0.6706	0.6706	0.0114	0.0137
11/11/2002	0.6820	0.6710	0.6710	0.0114	0.0136
11/12/2002	0.6795	0.6720	0.6744	0.0085	0.0134
11/13/2002	0.6760	0.6550	0.6616	0.0210	0.0138
11/14/2002	0.6650	0.6585	0.6627	0.0065	0.0134
11/15/2002	0.6701	0.6620	0.6701	0.0081	0.0131
11/18/2002	0.6965	0.6750	0.6965	0.0264	0.0138
11/19/2002	0.7065	0.6944	0.6944	0.0121	0.0137
11/20/2002	0.7115	0.6944	0.7087	0.0171	0.0139
11/21/2002	0.7168	0.7100	0.7124	0.0081	0.0136
11/22/2002	0.7265	0.7120	0.7265	0.0145	0.0136
11/25/2002	0.7265	0.7098	0.7098	0.0167	0.0138
11/26/2002	0.7184	0.7110	0.7184	0.0086	0.0135
11/27/2002	0.7280	0.7200	0.7228	0.0096	0.0133
12/2/2002	0.7375	0.7227	0.7359	0.0148	0.0134
12/3/2002	0.7447	0.7310	0.7389	0.0137	0.0134
12/4/2002	0.7420	0.7140	0.7162	0.0280	0.0141

2002 年 12 月 6 日的單位大小，以 12 月 4 日的 N 值為 0.0141 來計算，得到以下答案：

熱燃油：

N＝0.0141

帳戶大小＝$1,000,000

每點金額＝42,000（以美元計價的42,000加侖合約）

$$單位大小＝\frac{0.01 \times \$1,000,000}{0.0141 \times 42,000}＝16.88$$

由於交易的契約數一定要整數，因此去掉小數，得到的單位大小為16張契約。

你可能會問：「多久得計算一次N值和單位大小？」海龜成員會在每週一提交一張單位規模表，列出我們所交易的每個期貨的N值和契約張數。

部位大小的重要性

多元化的目的是將風險分散到許多標的上，藉由增加掌握成功交易的機會來提升獲利機會。要正確做到多元化，則必須將等量的資金投資在各種不同的標的上，就算做不到等量，額度也不要差太多。

海龜系統使用市場波動性來衡量每個市場的風險。然後，我們使用風險評量來建立部位，讓每個市場部位大小都具等量風險（或波動性）。這麼做能夠增加多元化的效益，也能提高用獲利交易彌補虧損較易的可能性。

請注意，如果交易資金不夠，則很難做到多元化。試想，如果以上的例子中，你只有 10 萬美元的帳戶，會是什麼情況。單位大小將只有一張合約，因為 1.668 去掉小數後是 1。對小型帳戶來說，調整後的部份過大，這大大降低多元化的效果。

單位是風險測量標準

由於海龜使用單位做為部位大小的基本標準，而且這些標準又經過波動性風險調整過，因此，單位成為測量部位風險和整個部位投資組合風險的標準。

海龜成員必須遵守風險管理規定，將任何時間的持有單位數限制在四種水準。基本上來說，這些規定控管了交易人能承受的總風險，在長期虧損與價格劇烈震盪的時候，將損失限制在最低水準。

西元 1987 年 10 月，美國股市崩盤隔天，就是價格劇烈震盪的例子之一。美國聯邦準備理事會一夕間大幅降低利率，企圖重振投資人對股市和整個國家的信心。海龜成員滿手的利率期貨空頭部位：歐美元、國庫券和債券。隔天，我們都損失慘重，一天之內，帳戶淨值多半跌掉了四成到六成。然而，如果當初沒有最大部位限制，我們的損失還會更高。

海龜的單位限制如下：

等級	種類	最大單位
1	單一市場	4
2	相關性高的市場	6
3	相關低的市場	10
4	單一操作方向，做多或做空	12

單一市場：每一市場最多四個單位。

相關性高的市場：在那些彼此相關性極大的市場中，同一操作方向可最多可交易六個單位（也就是說，六個多頭單位或六個空頭單位）。極度相關的市場組合包括熱燃油和原油；黃金和白銀；所有外匯；國庫券和歐美元等利率期貨等等。

相關性低的市場：至於那些彼此相關性低的市場，同一操作方向最多可交易十個單位。相關性低的市場組合包括黃金和高級銅；白銀和高級銅；還有許多海龜因為部位限制而未交易的穀物市場。

單一操作方向：單一操作方向、也就是做多或做空的最大總單位分別是 12 個單位。因此，理論上來說，我們可能同時擁有 12 單位的多頭部位和 12 單位的空頭部位。

海龜使用滿倉（loaded）一詞來表示在某一風險等級上持有最大單位。因此，日圓滿倉就是指持有四個單位的日圓期貨，完全滿倉表示持有 12 個單位，以此類推。

調整交易大小

有時候，市場好幾個月都沒有出現趨勢。此時，帳戶淨值

可能損失慘重。

在大規模獲利交易了結後，用來計算部位大小的淨值也需要跟著增加。

海龜所交易的並非以原始淨值來計算餘額的一般帳戶。理奇他們給我們的是概念型帳戶，淨值從零開始的某一帳戶規模。舉例來說，當我們在西元 1983 年 2 月開始交易時，許多海龜獲得一百萬美元的概念型帳戶。帳戶規模會再每年年初調整一次，根據理奇對每位成員的績效評估，來增加或減少金額。至於增加或減少多少金額，通常和我們前一年的獲利或虧損金額差不多。

理奇他們告訴海龜成員們，只要我們的虧損達原始帳戶的 10％，則概念型帳戶規模就得縮小 20％。因此，如果海龜交易帳戶金額為 100 萬美元，損失 10％、也就是 10 萬美元之後，就只能交易 80 萬美元的帳戶，直到淨值回升到年初的水準為止。如果再虧損 10％（80 萬美元的 10％、也就是 8 萬美元），則概念型帳戶規模再縮小 20％，只剩下 64 萬美元。

想要調整帳戶規模，也許還有其他更好的方式，以上只是海龜所使用的規則。

進場

一般交易人在思考某一交易系統時，多半是從進場信號的角度來看。他們認為，無論是哪一套交易系統，進場都是最重

要的層面。

海龜使用進場系統非常簡單，是根據理查・唐奇安所傳授的通道突破系統，這一點可能會讓多數交易人感到訝異。

海龜所使用的規則，是我們稱為系統一和系統二這兩種不同但彼此相關的突破系統。我們可以自行決定在這兩套系統上各自分配多少資金。有些人完全使用系統一，有些人在這兩套系統分別投注一半的淨值，也有些人使用不同的分配比例。這兩套系統定義如下：

系統一：以 20 日突破為基礎的短線系統
系統二：以 55 日突破為基礎的長線系統

突破

突破的定義是，價格超過某一特定天數的高點或低點。因此，20 日突破就是指價格漲破或跌破前 20 天的高點或低點。

如果價格在盤中突破，海龜便立刻進行交易，不會等到當天收盤或隔天開盤。至於開盤跳空的情況，如果以突破價開出，則海龜以開盤價進場。

系統一進場

當價格到達前 20 天高點或低點的一個漲跌單位（tick），海龜就立刻進場。如果價格漲破 20 日高點，海龜就會在這項商品上買進一個交易單位，建立多頭部位。如果價格跌破 20

日低點的一個下跌單位，則海龜會賣出一個交易單位，建立空頭部位。

如果前次突破導致獲利交易，則可不理會系統一突破進場信號。注意：為了測試方便，無論前次突破是否有實際交易或因這項規則而未予理會，依然都要視為一次突破。如果在 10 天獲利出場之前，突破隔天的價格與部位反向發展達 2N，則此次突破就應被視為失敗。

至於前次突破的方向和本規則無關。因此，不管是虧損多頭突破、還是虧損空頭突破，都讓下次的新突破成為一個有效進場信號，至於操作方向（做多或做空）則沒有影響。

不過，如果因為前次交易是獲利交易而略過此次的系統一進場，那麼，為避免錯失價格大幅變動，就得在 55 日突破時進場。55 日突破被視為避免失敗的突破點。

無論何時，若交易人處於市場外，還是有許多適合空頭進場的價位、以及適合多頭進場的較高價位。若前次突破失敗，則進場信號就會比較接近現價（也就是 20 日突破）；若前次突破成功，則進場訊號就會遠得多，在 55 日突破處。

系統二進場

當價格到達前 55 天高點或低點的一個漲跌單位（tick），我們就進場。如果價格漲破 55 日高點，海龜就會在這項商品上買進一個交易單位，建立多頭部位。如果價格跌破 20 日低點的一

個下跌單位,則海龜會賣出一個交易單位,建立空頭部位。

不管之前的突破是否成功,每次的突破,都是系統二的進場信號。

加碼

海龜在突破時進場買進一個單位的多頭部位,然後在離首次進場價格 1/2N 之處再加碼一個單位。 1/2N 間距是以上一個買單的成交價為計算基礎。因此,如果最初的突破單價格下滑 1/2N,為因應 1/2N 的下滑,則新單價格就是突破後的 1N、再加上一般 1/2N 單位的加碼間隔。

在到達最大許可單位數之前都可以持續這麼做。如果市場移動夠快,則有可能在一天之內就加碼到四個單位。

以下舉例說明:

黃金

N = 2.50

55 日突破 = 310

購買第一個單位	310.00
加碼第二個單位	310.00 + 1/2 × 2.50 = 311.25
加碼第三個單位	311.25 + 1/2 × 2.50 = 312.50
加碼第四個單位	312.50 + 1/2 × 2.50 = 313.75

原油

N＝1.20

55 日突破＝28.30

購買第一個單位	28.30
加碼第二個單位	28.30 ＋ 1/2 × 1.20 ＝ 28.90
加碼第三個單位	28.90 ＋ 1/2 × 1.20 ＝ 29.50
加碼第四個單位	29.50 ＋ 1/2 × 1.20 ＝ 30.10

貫徹始終

海龜被告知要貫徹每個進場信號，因為一年的獲利可能主要來自於兩到三個大型獲利交易。如果略過或錯失任何信號，就有可能影響全年獲利。

交易績效最佳的海龜成員持續貫徹進場規則。績效最差的海龜以及那些中途退出的成員，都未能按照規則，持續進場建立部位。

停損

俗話說：「有老交易員，也有大膽的交易員，就是沒有大膽的老交易員。」不設停損的交易人多半會破產。海龜絕對設停損。

對大多數人來說，抱著虧損交易會變成獲利交易的希望，要比退出虧損交易、承認交易失敗容易得多。

讓我強調一件事：依系統指示退出虧損部位，絕對是非常重要的。不設停損的交易人，長線是不會成功的。像是霸菱（Barings）和長期資本管理公司（LTCM）這類交易失控、並為及金融機構自身的健全，都是因為未能止住小虧損、最後變成鉅額虧損。

關於停損，最重要的是在建立部位之前，就要事先定好停損點。如果市場來到你設定的停損價位，你一定要出場，絕無例外。不確實執行則將導致災難的發生。

注意：讀者可能會注意到，我在這裡的說法和第十章所提到的不一致，之前我說，有時候，增加停損會損害系統績效，因此並非絕對必要。之前提到的沒有停損、表現不錯的系統，事實上是有內建停損機制的，因為當價格反轉後，終究會跨越移動平均，虧損就會受到限制。這麼說來，這也算是一種停損，只是不那麼明顯而已。不過，對多數人來說，定個停損價、出脫虧損交易，會比較安心。這對新手尤為重要。眼看著越賠越多、又不知道痛苦何時結束，內心的起伏與掙扎，是很令人難受的。

海龜的停損

海龜設停損，但不一定會向經紀商實際下停損單。

海龜持有的部位龐大，我們不想給經紀商下停損單，以免

透露我們的部位或交易策略。我們會使用限價單或市價單，當
市場到某一價格時，就出脫部位。

停損的設置

海龜根據部位風險來設置停損。任一筆交易皆不得出現
2% 以上的風險。

由於價格變動 1N 代表帳戶淨值的 1%，風險為 2% 的最大
停損便是價格變動 2N。海龜的停損定在多頭部位進場價格以
下 2N 之處、空頭部位進場價格以上 2N 之處。

為將整體部位風險維持最低，在加碼後，之前持有單位的
停損點便提高 1/2N。這一般意味著整個部位的停損都設在新
增單位價的 2N 處。不過，若是市場變動太快而造成滑價
（skid）或是開盤跳空、而使得新增單位價格間隔過大，便使
用不同停損。

以下舉例說明：

原油

N ＝ 1.20
5 天突破 ＝ 28.30

	進場價	停損
第一個單位	28.30	25.90
	進場價	停損
第一個單位	28.30	26.50
第二個單位	28.90	26.50

	進場價	停損
第一個單位	28.30	27.10
第二個單位	28.90	27.10
第三個單位	29.50	27.10
	進場價	停損
第一個單位	28.30	27.70
第二個單位	28.90	27.70
第三個單位	29.50	27.70
第四個單位	30.10	27.70

若市場跳空到 30.80，而使得第四個單位買進價格高出許多，則：

	進場價	停損
第一個單位	28.30	27.70
第二個單位	28.90	27.70
第三個單位	29.50	27.70
第四個單位	30.80	28.40

替代停損策略：雙重停損

海龜們還學了另一種獲利率更高的停損策略，不過，由於它會造成更多虧損、導致較低的獲利／虧損比，因此執行起來並不容易。這項策略叫做雙重停損（Whipsaw）。

每筆交易所承受的不再是 2% 的風險、而是 1/2% 帳戶風險，停損設在 1/2N 處。如果某一單位停損出場，等到市場再回到最初的進場價時，就再度進場。有幾位海龜成員使用這套方法、創下成功的績效。

　　雙重停損還有一個好處，就是增加新單位後，不需改變原有單位的停損點，因為即使持有單位達到在最大的四個單位，全部風險也不會超過2%。

　　例如，若使用雙重停損，原油進場停損則如下：

原油

N ＝ 1.20

55 天突破 ＝ 28.30

	進場價	停損
第一個單位	28.30	27.70
	進場價	停損
第一個單位	28.30	27.70
第二個單位	28.90	28.30
	進場價	停損
第一個單位	28.30	27.70
第二個單位	28.90	28.30
第三個單位	29.50	28.90
	進場價	停損
第一個單位	28.30	27.70
第二個單位	28.90	28.30
第三個單位	29.50	28.90
第四個單位	30.10	29.50

海龜系統停損的好處

　　由於海龜的停損是以 N 為基礎，他們能適應市場的波動性。波動性較高的市場停損設得較寬，不過，每一單位的合約

張數就比較少。這麼做能讓風險分散到每一個進場，創造更多元化的投資和更穩健的風險管理。

出場

　　還有一句俗語說：「落袋為安，就永遠不會破產。」海龜不同意這個說法。太早獲利了結、太早「落袋為安」，是用順勢操作系統來交易最常見的錯誤之一。

　　價格從不會直來直去；因此，若想搭上趨勢，就有必要讓價格走勢背離你的部位。在趨勢早期，這通常意味著眼睜睜看著10%到30%的可觀獲利逐漸流失，最後成為小幅虧損。在趨勢中期，可能會演變成80%到100%的獲利跌掉30%到40%。出脫部位以便「落袋為安」的誘惑是很大的。

　　海龜知道，何時獲利了結會大大影響獲利和虧損。

　　海龜系統在突破時進場。多數的突破不會緊跟著趨勢。這表示，海龜的交易多半虧損。如果獲利交易無法賺得足夠利潤來彌補這些損失，海龜就會賠錢。每一套有利可圖的交易系統都有不同的理想出場點。

　　以海龜系統為例：如果你在利潤為1N時出脫獲利部位、在虧損為2N時出脫虧損部位，則你將需要兩倍的獲利交易，才能夠彌補虧損交易的損失。

　　交易系統中的各個成分之間關係複雜。這表示，你不能只考慮如何正確出脫獲利部位，而不考慮進場、資金管理和其他

要素。

　　正確出脫獲利部位是交易中最重要的層面，卻很少有人意識到這一點。然而，它決定了交易是獲利還是虧損。

海龜的出場

　　若依照系統一，則多頭部位的出場為 10 日最低價、空頭部位的出場為 10 日最高價。如果價格與部位背離發展至 10 日突破，則要出脫部位中所有的單位。

　　依照系統二，多頭部位的出場為 20 日最低價、空頭部位的出場為 20 日最高價。如果價格與部位背離發展至 20 日突破，則要出脫部位中的所有單位。

　　如進場一樣，海龜通常不會下出場停損單，而是在盤中盯著價格，一旦價格穿過出場突破價，就打電話下出場單。

困難的出場

　　對於多數交易人而言，海龜系統出場可能是海龜系統法則中最困難的部份。等待 10 日或 20 日新低出現，通常意味著眼睜睜看著 20% 、 40% 甚或 100% 得可觀利潤憑空蒸發。

　　人們多半非常想要提早出場。你需要極強的自律，才能夠看著利潤消失而不動如山，等待真正大波段的出現。在龐大的獲利交易中，保持自律、謹守交易法則的能力是成功的交易老手最大的特徵。

策略

建築師密斯・范德羅厄（Mies van der Rohe）談到建築的限制時，曾說過：「巧妙之處在細節。」交易系統也是一樣。使用海龜交易法則時，有些重要細節會在獲利率上造成顯著差異。

進場單

之前提過，理查・丹尼斯和威廉・艾克哈特建議海龜在下單時不要提出停損。他要我們盯著市場，當價格到達我們的停損點時再下出場單。他們還告訴我們，限價單要比市價單好，因為限價單要比市價單更能夠獲得較好的成交價格、價格下降的機會也比較低。

不管是哪一個市場，隨時都會有一個買價和一個賣價。買價是買家願意買進的價格，賣價是賣家願意賣出的價格。無論何時，只要買價高於賣價就會產生交易。只要成交量夠大，市價單就會以買價或賣價成交，有時候大單會以比較差的價格成交。

一般來說，會有某一數量的價格變動是隨機發生，這有時被稱為反彈。限價單的概念是將價格定在反彈的低處、而不是簡單的定在市價。如果單子較小，限價單就不至於引起市場波動，如果是大單，對市場的衝擊會更小。

至於該如何決定限價單的最佳價格，這需要一點技巧。不

過，只要多加練習，你還是可以使用限價單獲得比市價單更接近市價的成交價格。

快速變動的市場

有時候，市場快速越過訂單價格，如果你使用的是限價單，可能不會成交。在市場快速變動的情況下，短短幾分鐘內，每張合約可能就有千萬資金進進出出。

理奇他們建議海龜們在這段期間內不要恐慌，與其匆促下單，還不如先等待市場交易並穩定下來。新手很難做到這一點，他們爭先恐後的下市價單。這絕對是最不適合買賣的時候，他們很有可能以當天最差的高價或低價交易。

在變動快速的市場中，流動性暫時緊縮。在快速上漲的市場中，賣家會先觀望，等待較高價格出現，要等到價格停止上漲，他們才會再度賣出。在這種情況下，賣價會大幅上升，買賣價差加大。

隨著賣家不斷提高賣價，買家現在被迫以付出更高的價格，最後，價格漲得太高太快，新賣家進入市場，才讓價格持穩，而且通常會迅速反轉並且跌回一半。

在快速變動的市場中下市價單，多半會以被抬高後的價格成交，剛好是在新賣家進入、市場開始回穩的位置。

海龜會等到價格暫時反轉的信號出現，才會下單，這麼做常比市價單更得獲得好的成交價格。如果市場在超過我們的停損價後回穩，我們就會出場，不過，我們不會因此驚慌失措。

同步進場信號

有時候，市場波動不大，我們除了監控手上部位之外，幾乎沒什麼事可做。甚至有好幾天連一張訂單都沒有下的情況。也有的時候，我們稍微忙一點，幾個小時之內，就不斷有信號出現。此時，我們會按信號交易，直到達到部位限制為止。

還有的時候，似乎所有的事情都在同時發生，我們會在一、兩天之內，從空倉買到滿倉。通常，彼此相關的市場會同時出現多項信號，讓瘋狂的交易節奏更為加劇。

市場開盤跳空、直接越過進場訊號時，我們更是忙碌。原油、熱燃油和無鉛汽油可能在同一天內出現跳空開盤的進場信號。在期貨合約上，同一市場、不同月份的合約同時出現信號，這也是極為常見的情況。這個時候，一定要有效且快速地行動，保持冷靜，千萬不要下市價單，因為這一定會導致極差的交易結果。

買強賣弱

如果信號同時出現，我們會在最強的市場買進、在最弱的市場成批賣空。

另外，我們每次在一個市場只建立一個單位的部位。例如，我們不會同時買入二月份、三月份和四月份的原油，而會挑選最強、成交量和流動性最大的合約月份。

這一點很重要。在彼此相關的市場中，最佳的多頭部位是

那些最強的市場（績效多半勝過同一類型中的較弱市場）。相反的，空頭方面最大的獲利交易則來自於相關市場中最弱的市場。

海龜使用各種測量值來決定市場強弱。最簡單、最常見的方式，就是觀察圖表，透過視覺檢驗，找出哪一個市場「看起來」比較強（或比較弱）。

有些海龜會找出價格在突破後又漲了幾個 N，然後買進 N 最多的市場。也有人把現價減去三個月前的價格，再除以目前的 N 值，以便讓所有市場標準化。最強的市場得到的數值最高；最弱的市場數值則最低。

以上這些做法效果都不錯。最重要的是，在最強的市場持有多頭部位、在最弱的市場持有空頭部位。

更換期滿合約

當期貨合約期滿，在更換新合約之前，要考慮兩個主要因素。

首先，有許多近期月份趨勢良好、遠期月份合約未能出現相同程度的價格變動的例子。除非新合約的走勢符合既有部位的條件，否則不要更換新合約。

其次，要在期滿合約的成交量和未平倉部位下降太多之前更換合約。至於下降多少才算太多，則要看單位大小。一般來說，除非（現在持有的）近期月份績效遠優於遠期月份，否則海龜會在期滿幾周之前將現有部位更換為新合約。

最後

以上就是完整海龜交易系統法則。你也許會想，這些法則並不是很複雜。

不過，光知道這些法則，還無法讓你致富。你必須能夠遵循它們。

要記得理查·丹尼斯說過：「我常說，你大可把我的交易法則刊登在報紙上，沒有人會遵循的。關鍵在於持之以恆和自律。幾乎任何人都可以列出一大串交易法則，而且績效搞不好還能達到我們的八成。他們做不到的，是給予人們在困境時也要堅守這些原則的信心。」

或許，最能證明理查所言不假的就是海龜們的成績：許多成員並沒有賺錢。這並非法則失靈；而是因為他們不能、也沒有遵守法則。

海龜交易法並不容易遵循，因為它們靠得是掌握相對罕見的大趨勢。因此，常常會好幾個月沒有一筆獲利交易，有時甚至長達一、兩年。在這段期間，很容易找到理由來懷疑這套系統、停止繼續遵循法則：如果這些法則不再有效要怎麼辦？要是市場改變了呢？要是法則中少了什麼重要的因素怎麼辦？我該如何確定這套系統有效？

第一期的海龜成員中，有個人在第一年結束前被開除，因為他懷疑其他成員刻意隱瞞資訊，並堅信理奇留了一手。這名交易員無法面對一個簡單的事實，那就是，他的差勁績效是因

為他的懷疑和不安全感所造成，讓他無法遵守我們的法則。

還有一個問題，是人們會有想要改變法則的傾向。許多海龜成員刻意降低用這套系統來交易的風險。小幅的改變、卻可能造成反效果。以下舉例說明。

有時候，交易員未能依照法則、迅速進場建立部位（價格每變動 1/2N，就加碼一單位）。儘管這麼做看起來比較保守，但事實是，以海龜所使用的進場系統來看，加碼速度太慢，可能會提高價格折返、碰觸到停損點的機率，因而造成損失，反之，較快速的進場，能夠讓部位經歷價格折返，但不會碰觸到停損點。在某些市場狀況下，這小小的改變，就會對系統的獲利能力有重大衝擊。

要對你所使用的交易系統法則有信心，才能持之以恆。無論是海龜系統、其他類似系統、還是完全不一樣的系統，你都一定要使用歷史交易數據、親自做過研究。光是從別人口中聽到某系統有效，這是不夠的；光是讀到別人所做的研究結果，這也是不夠的。你一定要親自動手進行研究。

捲起袖子，自己下場研究吧！探究每筆交易、檢視每日淨值紀錄、熟悉系統的交易方式、以及虧損的範圍和頻率。

如果你知道過去 20 年來，已經發生過幾次為期相同的虧損時間，就會比較容易撐過八個月的虧損期。如果你知道快速加碼是系統獲利的關鍵因素，你就會比較容易做到快速增加部位。

McGraw Hill Education 麥格羅·希爾 精選好書目錄

書系代碼	書名	ISBN	定價
經營管理系列			
BM143	實踐六標準差	978-986-157-247-5	360
BM144	真誠領導	978-986-157-244-4	300
BM145	行動領導	978-986-157-255-0	280
BM146	人人都是領導者	978-986-157-259-8	270
BM147	顧客想的和說的不一樣	978-986-157-261-1	300
BM148	黑帶精神	978-986-157-270-3	320
BM149	你有行動路線圖嗎？	978-986-157-294-9	280
BM150	精實六標準差工具手冊	978-986-157-285-7	420
BM151	跟著廉價資源走	978-986-157-302-1	280
BM152	每秒千桶	978-986-157-303-8	330
BM153	大力士翩翩起舞	978-986-157-313-7	300
BM154	產品生命週期管理	978-986-157-312-0	350
BM155	產品經理的第一本書—全新修訂版	978-986-157-317-5	450
BM156	預見未來	978-986-157-322-9	300
BM157	史隆的復古管理	978-986-157-370-0	320
BM158	策略思考的威力	978-986-157-368-7	300
BM159	班加羅爾之虎	978-986-157-383-0	360
BM160	Chindia	978-986-157-399-1	450
BM161	沒有名片，你是誰？	978-986-157-393-9	220
BM162	杜拉克的最後一堂課	978-986-157-411-0	400
BM164	成功的毒蘋果	978-986-157-448-6	330
BM166	服務業管理聖經	978-986-157-507-0	250
BM167	不按牌理出牌的思考力	978-986-157-503-2	280
BM168	高薪不一定挖到好人才	978-986-157-515-5	350
BM169	這樣開會最有效	978-986-157-514-8	200
BM170	換掉你的鱷魚腦袋	978-986-157-516-2	320
BM171	科技福爾摩斯	978-986-157-530-8	450
BM172	你不知道的傑克·威爾許	978-986-157531-5	380
BM173	危機 OFF	978-986-157-529-2	380
BM174	葛林斯班的泡沫	978-986-157-534-6	300
BM175	矽谷 @ 中國	978-986-157-410-3	320
BM176	搞定怪咖員工創意法則	978-986-157-541-4	280
BM177	普哈拉的創新法則	978-986-157-547-6	340
BM178	杜拜 & Co.：掌握波灣國家商機的全球布局	978-986-157-552-0	380
BM179	網民經濟學：運用 Web 2.0 群眾智慧搶得商機	978-986-157-569-8	300
BM180	向梅約學管理：世界頂尖醫學中心的三贏哲學	978-986-157-579-7	340
BM181	有機成長力：企業逆勢求生的 6 大獲利關鍵	978-986-157-590-2	260
BM182	控制進化論：沒有達爾文，控制狂也能變身超級主管	978-986-157-597-1	280
BM183	來上一堂破壞課	978-986-157-603-9	320
BM184	零距創新：全球經濟重生的創新三角策略	978-986-157-604-6	320
BM185	綠經濟：提升獲利的綠色企業策略	978-986-157-607-7	320
BM186	實戰麥肯錫：看專業顧問如何解決企業難題	978-986-157-620-6	320
BM187	佼兔智慧學：連豐田、麥肯錫都推崇的競贏法則	978-986-157-629-9	360
BM188	看穿對手的商業戰術：簡單四步驟，在競爭中出奇制勝	978-986-157-647-3	300
BM189	打造高績效健康照護組織	978-986-157-701-2	400
BM190	征服領導：歐巴馬成功的 10 個習慣	978-986-157-703-6	360
BM191	帶人，不能只靠加薪：挑戰你的下屬，他們能做的比你想的多	978-986-157-709-8	320
BM192	尤瑞奇樂於工作的七大祕密	978-986-157-742-5	350
BM193	揭密：透視賈伯斯驚奇的創新祕訣	978-986-157-762-3	360
BM194	管理工具黑皮書：輕鬆達成策略目標	978-986-157-772-2	380

McGraw Hill Education 麥格羅·希爾 精選好書目錄

書系代碼	書名	ISBN	定價
企業典範系列			
CE001	企業強權	978-957-493-133-0	360
CE004	專業主義	978-957-493-246-7	280
CE006	關係與績效	978-957-493-829-2	360
CE008	豐田模式	978-957-493-946-6	400
CE009	實踐豐田模式	978-986-157-231-4	500
CE010	蘋果模式	978-986-157-318-2	320
CE011	星巴克模式	978-986-157-369-4	300
CE012	豐田人才精實模式	978-986-157-461-5	450
CE013	僕人創業家	978-986-157-528-5	220
CE014	創新關鍵時刻	978-986-157-538-4	180
CE015	12 堂無國界的企業經營學	978-986-157-486-8	260
CE016	CEO 創業學	978-986-157-550-6	280
CE017	豐田文化：複製豐田 DNA 的核心關鍵	978-986-157-551-3	580
CE019	今天你 M 了沒 - 麥當勞屹立不搖的經營七法	978-986-157-500-1	300
CE020	豐田供應鏈管理－創新與實踐	978-986-157-662-6	420
CE021	豐田形學：持續改善與教育式領導的關鍵智慧	978-986-157-694-7	420
CE022	獅與冠的傳奇：麗思‧卡爾頓獨一無二的黃金經營哲學	978-986-157-780-7	320
大中華探索系列			
GC001	中國經濟	978-957-493-817-9	400
GC002	當代中國經濟改革	978-986-157-078-5	500
36小時進修課程系列			
TS001	財務管理	978-957-493-970-1	400
TS002	專案管理	978-986-157-136-2	380
TS003	商業寫作與溝通	978-986-157-180-5	330
TS004	會計管理	978-986-157-190-4	430
What Is系列			
WI001	精實六標準差簡單講	978-986-157-122-5	220
WI002	公司治理簡單講	978-986-157-123-2	220
WI003	六標準差流程管理簡單講	978-986-157-179-9	220
WI004	六標準差設計簡單講	978-986-157-245-1	220
投資理財系列			
IF002	笑傲股市－全新修訂版	978-957-493-135-4	280
IF017	葛林斯班效應	978-957-493-254-2	390
IF023	透析經濟 聰明投資	978-957-493-492-8	350
IF024	識破財務騙局的第一本書	978-957-493-632-8	350
IF025	經濟之眼	978-957-493-699-1	320
IF026	輕鬆催款	978-957-493-716-5	280
IF027	有錢沒錢教個孩子會理財	978-957-493-745-5	320
IF028	透析財務數字	978-957-493-759-2	450
IF029	笑傲股市 Part 2	978-957-493-869-8	300
IF030	聰明理財的第一本書	978-957-493-878-0	299
IF031	投資理財致富聖經	978-957-493-896-4	330
IF032	你不可不知的 10 大理財錯誤	978-957-493-925-1	320
IF033	85 大散戶投資金律	978-957-493-962-6	300
IF034	華爾街操盤高手	978-957-493-974-9	280
IF035	你一定需要的理財書	978-986-157-002-0	320
IF036	向股票市場要退休金	978-986-157-043-3	320
IF037	識破地雷股的第一本書	978-986-157-050-1	300
IF038	戳破理財專家的謊言	978-986-157-049-5	400
IF039	資產生財，富足有道！	978-986-157-076-1	399

書系代碼	書名	ISBN	定價
IF040	笑傲股市風雲實錄	978-986-157-084-6	290
IF041	從火腿蛋到魚子醬	978-986-157-083-9	290
IF042	你不可不知的 10 大投資迷思	978-986-157-094-5	320
IF043	致富，從建立正確的心態開始	978-986-157-161-4	330
IF044	巴菲特的 24 個智富策略	978-986-157-195-9	250
IF045	股市放空教戰手冊	978-986-157-246-8	220
IF046	智富一輩子	978-986-157-260-4	300
IF047	圖解技術分析立即上手	978-986-157-378-6	260
IF048	房市淘金不景氣也賺錢	978-986-157-419-6	290
IF049	投資顧問怕你發現的真相	978-986-157-436-3	400
IF050	海龜投資法則	978-986-157-466-0	330
IF051	要學會賺錢，先學會負債	978-986-157-467-7	280
IF052	坦伯頓投資法則	978-986-157-543-8	320
IF053	散戶投資正典全新修訂版	978-986-157-553-7	380
IF054	大衝撞：全球經濟巨變下的重建預言與投資策略	978-986-157-593-3	360
IF055	在平的世界找牛市：何時何地都賺錢的投資策略	978-986-157-617-6	400
IF056	巴菲特主義：波克夏傳奇股東會的第一手觀察	978-986-157-626-8	360
IF057	資本主義的代價：後危機時代的經濟新思維	978-986-157-628-2	300
IF058	海龜法則實踐心法：看全球最優秀交易員如何管理風險	978-986-157-633-6	300
IF059	笑傲股市——歐尼爾投資致富經典	978-986-157-653-4	450
IF060	財經詞彙一本就搞定：讓你思考像索羅斯、投資像巴菲特	978-986-157-663-3	420
IF061	我跟有錢人一樣富有	978-986-157-664-0	400
IF062	想法對了，錢就進來了：技術分析沒有告訴你的獲利心法	978-986-157-692-3	360

行銷規劃系列

MP007	銷售巨人	978-957-849-654-5	240
MP022	銷售巨人 Part 2	978-957-493-275-7	280
MP031	資料庫行銷實用策略	978-957-493-423-2	490
MP034	跟顧客搏感情	978-957-493-488-1	399
MP035	線上行銷研究實用手冊	978-957-493-489-8	490
MP037	很久很久以前	978-957-493-494-2	500
MP038	絕對成交！	978-957-493-513-0	299
MP040	電話行銷 輕鬆成交	978-957-493-579-6	299
MP043	抓住你的關鍵顧客	978-957-493-688-5	290
MP044	顧客教你的 10 件事	978-957-493-689-2	299
MP045	200 個行銷創意妙方	978-957-493-700-4	299
MP047	絕對成交！Part 2	978-957-493-717-2	299
MP048	打倒莫非定律的銷售新法	978-957-493-729-5	299
MP049	百萬業務員銷售祕訣	978-957-493-730-1	280
MP051	贏在加值銷售	978-957-493-761-5	330
MP052	做顧客的問題解決專家	978-957-493-785-1	280
MP053	銷售訓練實戰手冊	978-957-493-788-2	280
MP054	做個高附加價值的行銷人	978-957-493-789-9	300
MP056	eBay 網路拍賣完全賺錢指南	978-957-493-871-1	299
MP057	超級業務員的 25 堂課	978-957-493-877-3	280
MP058	行銷 ROI	978-957-493-883-4	350
MP059	團隊銷售 無往不利	978-957-493-887-2	300
MP060	拿下企業的大訂單	978-957-493-898-8	300
MP061	扭轉乾坤的完全銷售祕訣	978-957-493-916-9	280
MP062	IMC 整合行銷傳播	978-957-493-927-5	390
MP063	引爆銷售力的 10 大黃金法則	978-957-493-929-9	300

書系代碼	書名	ISBN	定價
MP064	向行銷大師學策略	978-957-493-961-9	250
MP065	攻心式銷售	978-957-493-995-4	330
MP066	好口碑，大訂單！	978-986-157-000-6	300
MP067	再造銷售奇蹟	978-986-157-017-4	330
MP068	換上顧客的腦袋	978-986-157-071-6	300
MP069	銷售達人	978-986-157-072-3	280
MP070	eBay 子都賺錢的網路拍賣指南	978-986-157-075-4	299
MP071	行銷創意玩家	978-986-157-085-3	280
MP072	401 個行銷實用妙方	978-986-157-102-7	360
MP073	用心成交	978-986-157-105-8	300
MP074	電訪員出頭天	978-986-157-117-1	300
MP075	10 分鐘在地行銷	978-986-157-134-8	330
MP076	銷售 ROI	978-986-157-135-5	330
MP077	CEO 教你怎麼賣	978-986-157-137-9	300
MP078	eBay 網路拍賣實作手冊	978-986-157-181-2	299
MP079	網路拍賣也要做行銷	978-986-157-223-9	299
MP080	直銷經理的第一本書	978-986-157-253-6	350
MP081	用愛經營顧客	978-986-157-273-4	230
MP082	無恥行銷	978-986-157-281-9	300
MP083	尖子品牌	978-986-157-292-5	300
MP084	部落格行銷	978-986-157-283-3	300
MP085	企畫案撰寫進階手冊	978-986-157-308-3	260
MP086	開口就讓你變心	978-986-157-356-4	300
MP087	消失吧！奧客	978-986-157-354-0	250
MP088	聽頂尖業務說故事	978-986-157-360-1	260
MP089	口袋業務家教	978-986-157-384-7	250
MP090	業務拜訪現場直擊	978-986-157-521-6	300
MP091	出賣行銷鬼才	978-986-157-400-4	300
MP092	Google 關鍵字行銷	978-986-157-403-5	350
MP093	商業午餐的藝術	978-986-157-404-2	280
MP094	我的部落格印鈔機	978-986-157-412-7	250
MP095	九種讓你賺翻天的顧客	978-986-157-487-5	320
MP096	趨勢學・學趨勢	978-986-157-511-7	260
MP097	高價成交	978-986-157-521-6	300
MP098	銷售力領導	978-986-157-548-3	280
MP099	我不是祕密：贏得顧客推薦的銷售神技	978-986-157-578-0	220
MP100	品牌個性影響力：數位時代的口碑行銷	978-986-157-561-2	280
MP101	GPS 銷售法	978-986-157-582-7	280
MP102	彈指金流：無遠 $ 屆的網路行銷密技	978-986-157-601-5	320
MP103	內容行銷塞爆你的購物車	978-986-157-652-7	320
MP104	電話行銷輕鬆成交 PART2：36 則持續成功的心法	978-986-157-681-7	320
MP105	誰，決定了你的業績：掌握關鍵決策的馭客術	978-986-157-691-6	320
MP106	行銷不必再喊選我選我	978-986-157-696-1	300
MP107	魔鬼業務出線前特訓手冊	978-986-157-698-5	300
MP108	蓋出你的秒殺商城：網路流量變業績，成功勸 Buy 的超嚇人成交術	978-986-157-714-2	320
MP109	變身成 Google：不可不學的 20 條行銷心法	978-986-157-778-4	400
職涯發展管理系列			
CD002	第一次就說對話	978-957-493-769-1	299
CD003	快樂工作人求生之道	978-957-493-777-6	300
CD004	自信演說 自在表達	978-957-493-787-5	300
CD005	職場處處有貴人	978-957-493-795-0	320
CD006	職場不敗	978-957-493-805-6	290

書系代碼	書名	ISBN	定價
CD007	向領導大師學溝通	978-957-493-820-9	320
CD008	預約圓滿人生	978-957-493-833-9	320
CD009	脫穎而出	978-957-493-845-2	320
CD010	關鍵溝通	978-957-493-875-9	300
CD011	超級口才 溝通無礙	978-957-493-886-5	320
CD012	直話巧說，溝通更有力	978-957-493-897-1	320
CD013	功成名就的第一本書	978-957-493-906-0	320
CD014	打造真本事 談出高身價	978-957-493-931-2	280
CD015	魅力滿分	978-957-493-960-2	280
CD016	塑造個人 A+ 品牌的 10 堂課	978-957-493-963-3	300
CD017	老是換工作也不是辦法	978-957-493-975-6	300
CD018	贏在談判	978-957-493-986-2	290
CD019	絕對說服 100 招	978-957-493-988-6	320
CD020	贏家之道	978-986-157-001-3	330
CD021	直擊人心，決勝職場！	978-986-157-003-7	320
CD022	我愛笨老闆	978-986-157-016-7	300
CD023	談判致富	978-986-157-020-4	320
CD024	成功不難，習慣而已！	978-986-157-056-3	320
CD025	哪個不想出人頭地	978-986-157-086-0	290
CD026	沒什麼談不了	978-986-157-082-2	300
CD027	你可以更了不起	978-986-157-095-2	330
CD028	向領導大師學激勵	978-986-157-119-5	320
CD029	堆高你的個人資本	978-986-157-118-8	300
CD030	關鍵對立	978-986-157-121-8	300
CD031	人人都要學的 CEO 說話技巧	978-986-157-159-1	300
CD032	每天多賺 2 小時	978-986-157-254-3	250
CD033	個人平衡計分卡	978-986-157-320-5	280
CD034	這樣簡報最有效	978-986-157-437-0	240
CD035	經理小動作，公司大不同	978-986-157-471-4	280
CD036	W 職場學	978-986-157-522-3	270
CD037	NQ 人脈投資法則	978-986-157-496-7	240
CD038	訂做你的工作舞台：人才派遣也能闖出一片天	978-986-157-575-9	280
CD039	職場生死鬥	978-986-157-588-9	320
CD040	懂得領導讓你更有競爭力 - 亂局中的 7 堂修練課	978-986-157-616-9	260
CD041	好奇心殺不死一隻貓：跳脫常軌，發掘內心的創意因子	978-986-157-625-1	220
CD042	CEO 訓練班	978-986-157-642-8	340
CD043	選對工作！老闆砍不到你－搶攻 8 大熱門職務	978-986-157-661-9	250
CD044	老闆不會明說，卻很重要的 12 件事	978-986-157-731-9	280
CD045	50 堂領導力必修課！讓團隊成員甘願為你賣命	978-986-157-736-4	340
CD046	下一個搶手人才就是你：三把金鑰讓你變身職場 A 咖	978-986-157-791-3	250
溝通勵志系列			
CS005	追求成功的熱情	978-957-945-354-7	230
CS026	女男大不同	978-957-493-626-7	300
CS027	關鍵對話	978-957-493-678-6	300
CS029	圓夢智慧	978-957-493-968-8	280
CS030	共存！	978-986-157-132-4	290
CS031	我該怎麼說？	978-986-157-226-0	299
CS032	易燃物，你又燒起來了嗎	978-986-157-429-5	280
CS033	臉紅心跳 886	978-986-157-421-9	300
CS034	打不死的樂觀	978-986-157-425-7	180
CS035	辯，贏人	978-986-157-434-9	290
CS036	老大的權威來自溝通的技巧	978-986-157-473-8	250

McGraw Hill Education 麥格羅·希爾 精選好書目錄

書系代碼	書名	ISBN	定價
CS037	追求成功的熱情（熱情增修版）	978-986-157-491-2	260
CS038	拿出你的影響力	978-986-157-502-5	350
CS039	和平無關顏色	978-986-157-510-0	240
CS040	說服力	978-986-157-525-4	260
CS041	征服：歐巴馬超凡溝通與激勵演說的精采剖析	978-986-157-600-8	340
CS042	職場成人溝通術	978-986-157-614-5	260
CS043	人人都要學的熱血激勵術	978-986-157-622-0	350
CS045	飛機上的 27A	978-986-157-627-5	200
CS046	改變 8！我的人生	978-986-157-631-2	240
CS047	成就是玩出來的	978-986-157-646-6	250
CS048	人見人愛的華麗社交	978-986-157-649-7	320
CS049	99 分：快樂就在不完美的那條路上	978-986-157-683-1	340
CS050	What！原來這樣就能成功	978-986-157-695-4	320
CS051	大家來看賈伯斯：向蘋果的表演大師學簡報	978-986-157-693-0	340
CS052	不可不知的關鍵對話	978-986-157-704-3	300
CS053	第 35 個故事…	978-986-157-715-9	280
CS054	快樂練習本	978-986-157-720-3	260
CS055	你，可以再更好：改變人生關鍵的思維致勝術	978-986-157-785-2	280
商業英語學習系列			
EL012	英文常用字急診室	978-986-157-589-6	399
EL013	上班族完美英文 e-mail 輕鬆寫	978-986-157-658-9	360
EL014	懶人專用商務英文 e-mail：149 篇萬用情境範例即時抄	978-986-157-682-4	340
EL015	瞄準新多益 { 聽力篇 }：Jeff 老師帶你突破聽力障礙	978-986-157-685-5	580
EL016	瞄準新多益 { 字彙文法篇 }：Jeff 老師教你征服必考字彙與焦點文法	978-986-157-719-7	550
EL017	戰勝雅思：31 種突破口試高分必背公式	978-986-157-746-3	580
EL018	瞄準新多益 { 全真模擬試題篇 }：Jeff 老師帶你征戰考場無敵手	978-986-157-786-9	550
健康脈動系列			
HC009	最科學的養生長青 10 法則	978-986-157-556-8	260
HC010	這樣吃，免疫力 UP：23 種自然食材，讓你不生病好健康	978-986-157-707-4	320
全球趨勢系列			
GT001	N 世代衝撞：網路新人類正在改變你的世界	978-986-157-630-5	380
GT002	幽靈財富的真相：終結貪婪華爾街，打造經濟新世界	978-986-157-635-0	300
GT003	75 個綠色商機：給你創業好點子，投身 2 千億美元新興產業	978-986-157-636-7	400
GT004	ANYWHERE：引爆無所不連的隨處經濟效應	978-986-157-710-4	360
GT005	雲端運算革命的經營策略	978-986-157-732-6	300
GT006	關鍵處方：引領新興國家走向富強的人物和作為	978-986-157-745-6	450
GT007	Chinamerica：看中美競合關係如何改變世界	978-986-157-741-8	360
輕鬆投資系列			
EI001	黃金貴金屬投資的第一本書——買來教你入門必修課	978-986-157-777-7	250
EI002	前進中國基金的第一本書	978-986-157-784-5	150
EI003	買不起股王，就買指數型基金	978-986-157-787-6	200

國家圖書館出版品預行編目資料

海龜投資法則：揭露獲利上億的成功祕訣／克提斯
‧費斯（Curtis M. Faith）原著；劉復苓譯 . -- 初
版 . -- 台北市：麥格羅希爾，2007〔民 96〕
　　面；　公分 . --（投資理財叢書；IF050）
譯自：Way of the Turtle
ISBN　978-986-157-466-0（平裝）

1. 期貨　2. 證券投資

563.5　　　　　　　　　　　　　96018808

投資理財叢書 IF050

海龜投資法則：揭露獲利上億的成功秘訣

原　　　著	克提斯·費斯（Curtis M. Faith）
譯　　　者	劉復苓
企 劃 編 輯	宋勝祐
行 銷 業 務	高曜如　杜佳儒
業 務 副 理	李永傑

出 版 者	美商麥格羅·希爾國際股份有限公司 台灣分公司
地　　　址	台北市 100 中正區博愛路 53 號 7 樓
網　　　址	http：//www.mcgraw-hill.com.tw
讀 者 服 務	Email: tw_edu_service@mcgraw-hill.com
	Tel: (02) 2311-3000　Fax: (02) 2388-8822
法 律 顧 問	惇安法律事務所盧偉銘律師、蔡嘉政律師
劃 撥 帳 號	17696619
戶　　　名	美商麥格羅希爾國際股份有限公司 台灣分公司

亞洲總公司	McGraw-Hill Education (Asia)
	60 Tuas Basin Link, Singapore 638775, Republic of Singapore
	Tel: (65) 6863-1580　Fax: (65) 6862-3354
	Email: mghasia_sg@mcgraw-hill.com

製 版 廠	長城製版廠　2918-3366
電 腦 排 版	菊舍工作坊　2331-9430

出 版 日 期	2007 年 11 月（初版一刷）
	2012 年 3 月（初版十八刷）
定　　　價	330 元
原 著 書 名	Way of the Turtle

Traditional Chinese Translation Copyright ©2007 by McGraw-Hill International Enterprises,
Inc. Taiwan Branch
Original Copyright © 2007 by McGraw-Hill Companies, Inc
English edition published by The McGraw-Hill Companies, Inc. (978-0-07-148664-4)
All rights reserved.

ISBN：978-986-157-466-0

※著作權所有，侵害必究。如有缺頁破損、裝訂錯誤，請附原購買之發票影本寄回對換
　經銷商：聯合發行股份有限公司　　　電話：(02) 2917-8022

100
台北市中正區博愛路53號7樓

美商麥格羅‧希爾國際出版公司
McGraw-Hill Education (Taiwan)

McGraw-Hill
全球智慧中文化
www.mcgraw-hill.com.tw

感謝您對麥格羅・希爾的支持
您的寶貴意見是我們成長進步的最佳動力

姓 名：＿＿＿＿＿＿＿＿＿＿＿ 先生／小姐　出生年月日：＿＿＿＿＿＿＿＿

電 話：＿＿＿＿＿＿＿＿＿＿＿ E-mail：＿＿＿＿＿＿＿＿＿＿＿

住 址：＿＿＿＿＿＿＿＿＿＿＿＿＿＿＿＿＿＿＿＿＿＿＿＿＿＿＿＿＿

購買書名：＿＿＿＿＿＿＿＿＿＿＿ 購買書店：＿＿＿＿＿＿＿＿＿＿＿

學　　歷：　□高中以下（含高中）　□專科　□大學　□碩士　□博士

職　　業：　□管理　□行銷　□財務　□資訊　□工程　□文化　□傳播
　　　　　　□創意　□行政　□教師　□學生　□軍警　□其他＿＿＿＿

職　　稱：　□一般職員　□專業人員　□中階主管　□高階主管

您對本書的建議：

　內容主題　□滿意　□尚佳　□不滿意　因為＿＿＿＿＿＿＿＿＿＿＿

　譯／文筆　□滿意　□尚佳　□不滿意　因為＿＿＿＿＿＿＿＿＿＿＿

　版面編排　□滿意　□尚佳　□不滿意　因為＿＿＿＿＿＿＿＿＿＿＿

　封面設計　□滿意　□尚佳　□不滿意　因為＿＿＿＿＿＿＿＿＿＿＿

　其他＿＿＿＿＿＿＿＿＿＿＿＿＿＿＿＿＿＿＿＿＿＿＿＿＿＿＿＿

您的閱讀興趣：□經營管理　□六標準差系列　□麥格羅・希爾 EMBA系列　□物流管理
　　　　　　　□銷售管理　□行銷規劃　□財務管理　□投資理財　□溝通勵志　□趨勢資訊
　　　　　　　□商業英語學習　□職場成功指南　□身心保健　□人文美學　□其他＿＿＿＿

您從何處得知　□逛書店　□報紙　□雜誌　□廣播　□電視　□網路　□廣告信函
本書的消息？　□親友推薦　□新書電子報／促銷電子報　□其他＿＿＿＿＿＿＿＿

您通常以何種　□書店　□郵購　□電話訂購　□傳真訂購　□團體訂購　□網路訂購
方式購書？　　□目錄訂購　□其他＿＿＿＿＿＿＿＿＿＿＿＿＿＿＿＿＿

您購買過本公司出版的其他書籍嗎？　書名＿＿＿＿＿＿＿＿＿＿＿＿＿＿

您對我們的建議：

＿＿＿＿＿＿＿＿＿＿＿＿＿＿＿＿＿＿＿＿＿＿＿＿＿＿＿＿＿＿＿＿

＿＿＿＿＿＿＿＿＿＿＿＿＿＿＿＿＿＿＿＿＿＿＿＿＿＿＿＿＿＿＿＿

＿＿＿＿＿＿＿＿＿＿＿＿＿＿＿＿＿＿＿＿＿＿＿＿＿＿＿＿＿＿＿＿

＿＿＿＿＿＿＿＿＿＿＿＿＿＿＿＿＿＿＿＿＿＿＿＿＿＿＿＿＿＿＿＿

（請沿線剪下寄回）

信用卡訂購單　　(請影印使用)

我的信用卡是□VISA　□MASTER CARD（請勾選）	
持卡人姓名：	信用卡號碼（包括背面末三碼）：
身分證字號：	信用卡有效期限：　　　年　　　月止
聯絡電話：（日）	（夜）　　　　手機：
e-mail：	
收貨人姓名：	公司名稱：
送書地址：□□□	
統一編號：	發票抬頭：
訂購書名：	
訂購本數：	訂購日期：　　　年　　　月　　　日
訂購金額：新台幣 □ 元　持卡人簽名：	

書籍訂購辦法

郵局劃撥
戶名：美商麥格羅希爾國際股份有限公司 台灣分公司
帳號：17696619
請將郵政劃撥收據與您的聯絡資料傳真至本公司
FAX：(02)2388-8822

信用卡
請填寫信用卡訂購單資料郵寄或傳真至本公司

銀行匯款
戶名：美商麥格羅希爾國際股份有限公司 台灣分公司
銀行名稱：美商摩根大通銀行 台北分行
帳號：3516500075
解款行代號：0760018
請將匯款收據與您的聯絡資料傳真至本公司

即期支票
請將支票與您的聯絡資料以掛號方式郵寄至本公司
地址：台北市100中正區博愛路53號7樓

備註
我們提供您快速便捷的送書服務，以及團體購書的優惠折扣。
如單次訂購未達NT1,500，須酌收書籍貨運費用90元，台東及離島等偏遠地區運費另計。
聯絡電話：(02)2311-3000
e-mail: tw_edu_service@mcgraw-hill.com

請沿虛線剪下

McGraw Hill Professional

Mc Graw Hill **Professional**